AF274306

ESTRATEGIAS DE INNOVACIÓN DOCENTE EN EL PROCESO DE ENSEÑANZA-APRENDIZAJE DEL DERECHO FINANCIERO Y TRIBUTARIO DESDE UNA PERSPECTIVA INTERNACIONAL

EVA MARÍA SÁNCHEZ SÁNCHEZ

Profesora Ayudante Doctor de Derecho Financiero y Tributario
Facultad de Ciencias Jurídicas y Políticas
Universidad Rey Juan Carlos

ESTRATEGIAS DE INNOVACIÓN DOCENTE EN EL PROCESO DE ENSEÑANZA-APRENDIZAJE DEL DERECHO FINANCIERO Y TRIBUTARIO DESDE UNA PERSPECTIVA INTERNACIONAL

IIIARANZADI

© Eva María Sánchez Sánchez, 2024
© Editorial Aranzadi, S.A.U.

Editorial Aranzadi, S.A.U.
C/ Collado Mediano, 9
28231 Las Rozas (Madrid)

Tel: 91 602 01 82
e-mail: clienteslaley@aranzadilaley.es
https://www.aranzadilaley.es

Primera edición: 2024

Depósito Legal: M-21026-2024
ISBN versión impresa: 978-84-1078-309-6
ISBN versión electrónica: 978-84-1078-310-2

Diseño, Preimpresión e Impresión: Editorial Aranzadi, S.A.U.
Printed in Spain

© **Editorial Aranzadi, S.A.U.** Todos los derechos reservados. A los efectos del art. 32 del Real Decreto Legislativo 1/1996, de 12 de abril, por el que se aprueba la Ley de Propiedad Intelectual, Editorial Aranzadi, S.A.U., se opone expresamente a cualquier utilización del contenido de esta publicación sin su expresa autorización, lo cual incluye especialmente cualquier reproducción, modificación, registro, copia, explotación, distribución, comunicación, transmisión, envío, reutilización, publicación, tratamiento o cualquier otra utilización total o parcial en cualquier modo, medio o formato de esta publicación.

Cualquier forma de reproducción, distribución, comunicación pública o transformación de esta obra solo puede ser realizada con la autorización de sus titulares, salvo excepción prevista por la Ley. Diríjase a **Cedro** (Centro Español de Derechos Reprográficos, **www.cedro.org**) si necesita fotocopiar o escanear algún fragmento de esta obra.

El editor y los autores no asumirán ningún tipo de responsabilidad que pueda derivarse frente a terceros como consecuencia de la utilización total o parcial de cualquier modo y en cualquier medio o formato de esta publicación (reproducción, modificación, registro, copia, explotación, distribución, comunicación pública, transformación, publicación, reutilización, etc.) que no haya sido expresa y previamente autorizada.

El editor y los autores no aceptarán responsabilidades por las posibles consecuencias ocasionadas a las personas naturales o jurídicas que actúen o dejen de actuar como resultado de alguna información contenida en esta publicación.

EDITORIAL ARANZADI no será responsable de las opiniones vertidas por los autores de los contenidos, así como en foros, chats, u cualesquiera otras herramientas de participación. Igualmente, EDITORIAL ARANZADI se exime de las posibles vulneraciones de derechos de propiedad intelectual y que sean imputables a dichos autores.

EDITORIAL ARANZADI queda eximida de cualquier responsabilidad por los daños y perjuicios de toda naturaleza que puedan deberse a la falta de veracidad, exactitud, exhaustividad y/o actualidad de los contenidos transmitidos, difundidos, almacenados, puestos a disposición o recibidos, obtenidos o a los que se haya accedido a través de sus PRODUCTOS. Ni tampoco por los Contenidos prestados u ofertados por terceras personas o entidades.

EDITORIAL ARANZADI se reserva el derecho de eliminación de aquellos contenidos que resulten inveraces, inexactos y contrarios a la ley, la moral, el orden público y las buenas costumbres.

Nota de la Editorial: El texto de las resoluciones judiciales contenido en las publicaciones y productos de **Editorial Aranzadi, S.A.U.**, es suministrado por el Centro de Documentación Judicial del Consejo General del Poder Judicial (Cendoj), excepto aquellas que puntualmente nos han sido proporcionadas por parte de los gabinetes de comunicación de los órganos judiciales colegiados. El Cendoj es el único organismo legalmente facultado para la recopilación de dichas resoluciones. El tratamiento de los datos de carácter personal contenidos en dichas resoluciones es realizado directamente por el citado organismo, desde julio de 2003, con sus propios criterios en cumplimiento de la normativa vigente sobre el particular, siendo por tanto de su exclusiva responsabilidad cualquier error o incidencia en esta materia.

A ti mamá, alma mater,
Floriana Sánchez Medina

«Todo ser humano, si se lo propone, puede ser escultor de su propio cerebro»
Santiago Ramón y Cajal (1852-1934)

«La innovación es lo que distingue a un líder de los demás»
Steven Paul Jobs (1955-2011)

Índice General

CAPÍTULO PRIMERO

LAS COMPETENCIAS DE EDUCACIÓN FINANCIERA EN LA ACTIVIDAD UNIVERSITARIA

Abreviaturas

ACI / AACC	Altas Capacidades Intelectuales
AEAT	Agencia Estatal de Administración Tributaria
AEDAF	Asociación Española de Asesores Fiscales
AN	Audiencia Nacional
Apdo.	Apartado
Art. / Arts.	Artículo/s
ATC/AATC	Auto/s del Tribunal Constitucional
BOE	Boletín Oficial del Estado
BOMEH	Boletín Oficial de los Ministerios de Economía y Hacienda
Cap.	Capítulo
CC.AA.	Comunidades Autónomas
CC.LL.	Corporaciones locales
CDC	Consejo para la Defensa del Contribuyente
CE	Constitución Española de 1978
CEPC	Centro de Estudios Políticos y Constitucionales
cfr.	Confróntese, compárese
cit.	citado
coord.	Coordinador/a
CPFF	Consejo de Política Fiscal y Financiera
CRI	Constitución de la República Italiana de 1947
D	Decreto
Disp.	Disposición
DA	Disposición Adicional
DGT	Dirección General de Tributos

DOUE	Diario Oficial de la Unión Europea
Doc.	Documento
Ed.	Editorial
ed.	edición
etc.	etcétera
FJ / FFJJ	Fundamento/s Jurídico/s
IAE	Impuesto sobre Actividades Económicas
IBI	Impuesto sobre Bienes Inmuebles
Ibídem	Igual que la referencia anterior
IEF	Instituto de Estudios Fiscales
IIEE	Impuestos especiales
IRPF	Impuesto sobre la Renta de las Personas Físicas
IRNR	Impuesto sobre la Renta de No Residentes
ISD	Impuesto sobre Sucesiones y Donaciones
IVA	Impuesto sobre el Valor Añadido
JT	Jurisprudencia Tributaria
lato sensu	en sentido amplio
L.	Ley
LaTeX	Sistema de composición de textos
LGP	Ley General Presupuestaria
LGT	Ley General Tributaria
LIRPF	Ley del Impuesto sobre la Renta de las Personas Físicas
LIVA	Ley del Impuesto sobre el Valor Añadido
LRHL	Ley Reguladora de Haciendas Locales
LO	Ley Orgánica
LMPFF	Ley de Medidas de Prevención del Fraude Fiscal
LOFCA	Ley Orgánica de Financiación de las Comunidades Autónomas
LOPJ	Ley Orgánica del Poder Judicial
LOTC	Ley Orgánica del Tribunal Constitucional
MH	Ministerio de Hacienda
n.º/núm./núms.	número/s

op. cit.	obra citada (Opus Citatum)
pág. /págs.	página/s
párr.	párrafo
p. ej.	Por ejemplo
RAE	Real Academia de la Lengua
R.D.	Real Decreto
R.D.L.	Real Decreto-Ley
R.D.Lvo.	Real Decreto Legislativo
Res.	Resolución
Rgto.	Reglamento
S.	Sentencia
SAN	Sentencia Audiencia Nacional
SAP	Sentencia Audiencia Provincial
sensu stricto	en sentido estricto o en sentido restringido
SFGAL	Secretaría General de Financiación Autonómica y Local
ss.	y siguientes
STC/SSTC	Sentencia/s del Tribunal Constitucional
STS	Sentencia del Tribunal Supremo
STSJ	Sentencia del Tribunal Superior de Justicia
TIC	Tecnologías de la Información y las Telecomunicaciones
Tít.	Título
TC	Tribunal Constitucional
TEDH	Tribunal Europeo de Derechos Humanos
TPACK	Technological Pedagogical Content Knowledge
TS	Tribunal Supremo
TSJ	Tribunal Superior de Justicia
UE	Unión Europea
Vid.	Véase
Vol. /Vols.	Volumen/es
VV.AA.	varios autores

Consideraciones preliminares

Resumen: La universidad debe ser reconocida por ser una institución innovadora que busca transformar la educación, asentar sólidos valores, apostar por el talento y el compromiso de formar profesionales para el futuro, con valores, responsabilidad, sentido humanista, científico y tecnológico y, cumplir con el objetivo de los estudiantes de Derecho Financiero y Tributario de adquirir los conocimientos y competencias exigidas para la superación del estudio y asimismo, estar comprometidos con la transformación de la sociedad global para el desarrollo sostenible. A medida que adoptamos la economía impulsada por la tecnología, las universidades también deben cambiar e innovar, a un ritmo desconocido para la educación superior. Si bien mantenemos nuestra misión principal de educar a la próxima generación y cultivar nuevas formas de conocimiento, las universidades también deben adoptar nuestro papel docente cada vez mayor para impulsar la innovación y catalizar el desarrollo económico. De igual manera, nuestras instituciones deben enfrentar los desafíos de la revolución digital de frente y desempeñar un papel cada vez más importante en nuestros ecosistemas y economías de innovación de cuatro maneras clave. Fomentando el espíritu empresarial, promoviendo la colaboración con el sector privado, impulsando la diversidad y la inclusión en la educación y, explorando el nexo entre la tecnología y la sociedad.

Palabras clave: Universidad; innovación; contenido TPACK; tecnología LaTeX y Derecho financiero y tributario.

Preliminary considerations

Abstract: The university must be recognised for being an innovative institution that seeks to transform education, to establish solid values, to bet on talent and the commitment to train professionals for the future, with values, responsibility, humanistic, scientific and technological sense, and to meet the objective of students of Finance and Tax Law to acquire the knowledge and skills required for successful study and also to be committed to the transformation of global society for sustainable development. As we embrace the technology-driven economy, universities must also change and innovate, at a pace unknown to higher education. While we maintain our core mission of educating the next generation and cultivating new forms of knowledge, universities must also embrace our growing teaching role to drive innovation and catalyse economic development. Equally, our institutions must meet the challenges of the digital revolution head-on and play an increasingly important role in our innovation ecosystems and economies in four key ways. Fostering entrepreneurship, promoting collaboration with the private sector, driving diversity and inclusion in education, and exploring the nexus between technology and society.

Keywords: University; innovation; TPACK content; LaTeX technology and tax law.

Introducción

La afectación del coronavirus dio lugar al comienzo de un nuevo período donde la mayoría de las universidades adoptaron el método de enseñanza en red, para impartir las clases con el fin de suspender las clases presenciales sin dejar de enseñar. Con este propósito, el desarrollo del aprendizaje basado en la información se ha convertido en una parte necesaria de la enseñanza cotidiana y, al mismo tiempo en nuestro concepto educativo, conocimiento de enseñanza y contenido derivado de esta materia tributaria, que debe innovarse constantemente, lo que permitirá despertar el interés del alumnado hacia el concepto jurídico, tratando de formar auténticos juristas que requerirán de creatividad y razonamiento crítico, lo que les otorgará avanzar en su profesión jurídica en el futuro. Ante estas nuevas oportunidades y necesidades que plantea la tecnología en las aulas. Por ello, esta formación digital aunada con altas capacidades y creando sinergias con otras disciplinas, harán de nuestros estudiantes futuros profesionales de éxito.

Si tomamos como ejemplo la impartición de la asignatura de Derecho Financiero y Tributario, basada en el marco del conocimiento pedagógico, tecnológico y del contenido TPACK[1], teniendo en cuenta, que este último estudia la integración de la tecnología en la educación, con el fin de lograr un entorno educativo que complete de forma efectiva las Tecnologías de la Información y Comunicación (TIC), en el que se pueden identificar los tres conocimientos que debe poseer un docente en su método de enseñanza o docencia. Esta expresión trata de combinar ambas dimensiones y, permitirá que los estudiantes tengan una comprensión más profunda del contenido de aprendizaje, cultivando la capacidad de gestión financiera y la calidad profesional de estos estudiantes, en aras a tener una capacidad básica de procesamiento de impuestos, convirtiéndose así en un conocimiento práctico que debe ser enseñado en el área referida.

---

1.   PAIDICAN, M. y ARREDONDO, P., «Evaluación de la validez y fiabilidad del cuestionario de conocimiento tecnológico pedagógico del contenido (TPACK) para docentes de primaria», *Revista Innova Educación*, vol. 5, núm. 1, 2023. Disponible en https://doi.org/10.35622/j.rie.2023.05.003 [Consulta: 01/04/2024].

Este proceso de reforma de la enseñanza centrado en el estudiante, la optimización de los recursos docentes y la alta eficiencia en la calidad de la enseñanza junto a la integración de la tecnología LaTeX[2], manifiesta hacer una preparación de alto nivel para los estudiantes e investigadores. Asimismo, implica que tanto los docentes como los estudiantes se adapten al cambio tecnológico y trabajen estas competencias, logrando un entorno educativo más efectivo, celebrando la innovación y la creatividad llevando la tecnología al aula. A pesar de esta abertura de habilidades, las universidades tienen la particularidad de participar mediante el uso de la tecnología de manera efectiva, para enseñar e integrar el conocimiento del Derecho dando respuesta a este panorama cambiante con rapidez para introducir nuevos cursos de expertos, asignaturas, entre otras y utilizar nuevos enfoques de la docencia de manera efectiva, para enseñar e integrar el conocimiento utilizando *software* en la práctica legal y fiscal, dado que la educación tributaria tiene como objetivo mantenerse al día con los cambios tecnológicos en la enseñanza y la práctica del Derecho.

Es un hecho, que la docencia es una profesión que requiere formación inicial y continuada, pues para los profesores no basta con realizar sus estudios universitarios y doctorales, además, es necesario que mantengan actualizada su formación tecnológica y pedagógica, pues es ahí, donde nuestro concepto educativo, conocimiento de la enseñanza y contenido de la materia deben innovarse. En nuestro estudio, abordaremos en qué consisten estos métodos tecnológicos, cuáles son sus ventajas y de qué forma puede ponerse en práctica en el aula universitaria, para actuar ante las nuevas oportunidades y necesidades que plantea la tecnología en las clases y, abordarlo desde el desarrollo de los conceptos TPACK y LaTeX, y otros como veremos.

Como docentes, tenemos la responsabilidad de preparar a todos los estudiantes para un mercado laboral que cambia rápidamente y educarlos para que sean los constructores del mundo en que vivimos. La historia nos demuestra que aquellos que se preparan para los cambios eficientes en las actividades laborales tendrán una inmensa oportunidad de florecer. Como tutores del futuro de la educación, con acceso a inmensos recursos intelectuales y la influencia para aplicar esos recursos a nuestra misión principal, los docentes universitarios tienen un papel de liderazgo que desempeñar para ayudar a los estudiantes a adaptarse a estas tecnologías de cambio, asegurando que la nueva economía funcione para todos. En esta diligencia,

---

2. GREINER-PETTER, A., *Making presentation Math Computable: a context-sensitive approach for translating LaTeX to Computer Algebra Systems*, Springer Vieweg Wiesbaden, Suiza, 2023, p 5. Retrieved from https://doi.org/10.1007/978-3-658-40473-4 [Accessed on 01/04/2024].

las universidades deben desempeñar un papel comprometido para abordar estos desafíos y aprovechar estas posibilidades, pues para tener éxito, todos debemos asegurarnos de que el talento de la comunidad heterogénea y global tenga acceso a oportunidades en la nueva era económica.

Así pues, en la enseñanza del Derecho Financiero y Tributario sobre la obtención de los recursos públicos y el reparto de la riqueza, exigiendo al ciudadano la contribución al sostenimiento del gasto público, realizaremos un estudio de vigilancia en atención a las asignaturas que nos son propias, aunando la disciplina desde los principios constitucionales de justicia tributaria y la innovación docente, proponiendo una enseñanza basada en una meta estrategia de aprendizaje coherente que despierte el interés del estudiante, teniendo en cuenta, que en el Estado social y democrático de Derecho la función de los tributos no es únicamente la de financiar los servicios públicos, sino también la distribución de la riqueza en la sociedad, lo que implica que entre los impuestos y los gastos públicos existe una cierta conexión, por el carácter redistributivo del Derecho Financiero y Tributario.

En las citas del Derecho griego clásico, Aristóteles, señalaba que *«la acción virtuosa se sitúa siempre en un término medio... sin caer en exceso… y es aquélla que en cada caso fijaría el hombre prudente»*[3]. Más tarde, como hemos podido observar, serían los Papas León XIII[4], Pío XII[5] y Juan Pablo II, entre

---

3. CALVO MARTÍNEZ, T., *Aristóteles y el aristotelismo*, Akal, Madrid, 1996, p. 44. Véase DE AZCARATE DIZ, P., «Aristóteles: de la naturaleza de la virtud», en VV.AA., *Moral a Nicómaco*. Barcelona: S.L.U. Espasa Libros, 2002, Libro segundo, Capítulo VI. Disponible en http://www.filosofia.org/cla/ari/azc01043.htm [Consulta: 01/04/2024].

4. «Lo que más contribuye a la prosperidad de las naciones es [...] las moderadas cargas públicas y su equitativa distribución [...]. Las ventajas de la difusión de la propiedad no podrán obtenerse sino con la condición de que la propiedad privada no se vea absorbida por la dureza de los tributos e impuestos, teniendo en cuenta, que el derecho de poseer bienes en privado no ha sido dado por la ley, sino por la naturaleza, y, por tanto, la autoridad no puede abolirlo, sino solamente moderar su uso y compaginarlo con el bien común [...]. Se procedería, por consiguiente, de una manera injusta e inhumana si se exigiera de los bienes privados más de lo que es justo bajo razón de tributos» (LEÓN XIII, «Carta Encíclica Rerum Novarum» [en línea]. Roma: 15 de mayo de 1891, Parte II, Exposición positiva, párrafos 23 y 33, sobre «Deberes generales del Estado» y «La difusión de la propiedad». Disponible en http://www.vatican.va/content/leo-xiii/es/encyclicals/documents/hf_l-xiii_enc_15051891_rerum-novarum.html [Consulta: 01/04/2024]).

5. «No cabe duda alguna acerca del deber de cada ciudadano de cargar con una parte de los gastos públicos. Mas el Estado, por su parte, como encargado de proteger y promover el bien común de los ciudadanos, tiene la obligación de repartir entre éstos únicamente las cargas necesarias y proporcionales a sus recursos», agregando: «El impuesto no será considerado, entonces, como una carga siempre excesiva y más o menos arbitraria, sino que representará, en un Estado mejor organizado y más apto

otros, quienes, en sus diálogos y testimonios escritos, también manifestaran justificaciones y menciones racionales para que en los tributos no haya excesos, sean justos y, por tanto, no confiscatorios.

Todos estos factores justifican, a nuestro juicio, la necesidad de un análisis actual de esta materia, para tratar de esclarecer el alcance y contenido de una manera sencilla y clara. No obstante, como el Derecho Tributario es un tema muy amplio, partiremos en principio por ofrecer un análisis de conjunto comparativo sobre el mismo, para después respetando los objetivos esenciales de nuestro estudio, entrar a fondo en la innovación docente de la que partimos.

No obstante, nos hemos visto lógicamente obligados a la consulta de valiosa doctrina proveniente de otros Derechos, como es, por ejemplo, la doctrina italiana que nos puede aportar más lucidez al mismo, como es el caso de la llevada a cabo por los docentes de la Università di Bologna (en nuestro caso, CIRSFID). Este estudio resulta de gran utilidad para llegar a este resultado y se ha recogido a su vez, la mayor cantidad de opiniones doctrinarias al respecto, así como la aplicación concreta dada al hilo de la IA en la innovación docente en Derecho, en nuestro caso, Financiero y Tributario.

Por ello, hemos trabajado con algunas hipótesis, muchas veces contradictorias entre sí, pero hemos tratado de aunar las diferentes posturas y posiciones doctrinarias, para enriquecer el ámbito de los significados y de las actuaciones atribuidas por las diferentes opiniones que se han recopilado, independientemente de que estas sean o no concordantes.

En la actualidad, seguimos apuntando, que el poder legislativo es el responsable directo de dar a la sociedad un Sistema tributario inspirado en los principios constitucionales y no someter a los máximos intérpretes de la Constitución a cuestiones jurídico-políticas, para determinar el alcance confiscatorio de una u otra norma de carácter fiscal, dado que el principio de no confiscatoriedad obliga a no agotar la riqueza imponible con el motivo aparente de contribuir al financiamiento de los gastos públicos. No obstante, creemos, que son los tribunales los que tienen la responsabilidad jurídica de proteger a los contribuyentes.

---

para conseguir el funcionamiento armónico de las distintas actividades de la sociedad, un aspecto acaso humilde y muy material, pero indispensable, de la solidaridad cívica y del aporte de cada cual al bien de todos» (PÍO XII, «Alocución a los Congresistas de la Asociación Internacional de Derecho Financiero y Fiscal» [en línea]. Roma: *10th Congress of the International Fiscal Association*. October 1956. Disponible en https://lc.cx/g3IjyJ [Consulta: 01/04/2024]).

Actualmente, dentro del Derecho Comunitario Europeo se puede denotar una consagración del derecho de propiedad privada. Pero al no existir normas comunitarias confiscatorias en materia tributaria, se conseguiría la citada mención, al validar el respeto al derecho de la propiedad privada, pues las normas tributarias que se originen de las instituciones comunitarias no pueden tener un contenido que haga suscitar efectos confiscatorios en materia tributaria, dado que, según el Tribunal de Justicia de la Comunidad Europea, los principios generales o derechos fundamentales que derivan de las Constituciones de los Estados miembros forman parte también del Derecho Comunitario[6].

En un Estado social y democrático de Derecho, como el nuestro, el Derecho Financiero y Tributario debe configurarse a la luz del principio de no confiscatoriedad, por comportar éste un límite expreso al ejercicio del poder tributario, para que no se traspase el terreno de lo gravoso y se convierta en confiscatorio.

De ahí la afirmación, de que el título del presente trabajo de innovación docente representa un concepto elemental e inspirador del Derecho tributario universal en el mundo moderno. Efectuadas las consideraciones que justifican, desde nuestro punto de vista, el interés que suscita el tema objeto de nuestra innovación, como son las Tecnologías de la Información y la Comunicación, aunadas con la IA en el ámbito de la docencia del Derecho Financiero y Tributario, nos parece oportuno exponer una síntesis de su contenido señalando cada uno de los aspectos estudiados.

---

6.   El Proyecto de la frustrada Constitución Europea y que fue sustituido por el Tratado de Lisboa, —firmado en Lisboa el 13 de diciembre de 2007—, recogía en su apartado 1 de su artículo II-77 lo siguiente «toda persona tiene derecho a disfrutar de la propiedad de los bienes que haya adquirido legalmente a usarlos, a disponer de ellos y a legarlos. Nadie puede ser privado de su propiedad más que por causa de utilidad pública, en los casos y condiciones previstos en la Ley y a cambio en un tiempo razonable, de una justa indemnización por su pérdida. El uso de los bienes podrá regularse por Ley en la medida que resulte necesario para el interés general».

Capítulo Primero

Las competencias de educación financiera en la actividad universitaria

I. LAS COMPETENCIAS EDUCATIVAS DE FUTURO EN ESTA NUEVA ERA

Los planes docentes de universidades en relación con el Grado de Derecho reflejan el desarrollo de los objetivos y las competencias que debe alcanzarse por el estudiante una vez finalizados sus estudios, ya que la actividad principal de la universidad es preparar recursos humanos cualificados y competentes para satisfacer las necesidades de la sociedad futura.

Las competencias digitales instituyen un conjunto de conocimientos, además de habilidades y actitudes, sin obviar las estrategias, que son básicas en el uso de las TIC y de los medios digitales en sí. Contar con competencias digitales innovadoras en la actualidad es algo básico, tanto, como en su momento fue la lectura y la escritura. Por tanto, es importante en la actualidad contar con habilidades digitales, ya que te permiten tanto la creación como el intercambio de contenidos digitales, y hoy en día, todo se maneja desde la perspectiva digital. Las competencias digitales van más allá del uso de la forma tradicional de las TIC[1], se requiere conocimiento de un lenguaje específico y de pautas específicas de programación, lo que significa saber, conocer y controlar aplicaciones informáticas.

Las actividades del profesorado universitario se caracterizan por competencias profesionales en los ámbitos de su especialización e investigación, así, como en los ámbitos de docencia y gestión. Todas estas competencias reflejan no solo los conocimientos teóricos y empíricamente adquiridos, sino también las habilidades, los rasgos de personalidad, la voluntad y el deseo de seguir una autoeducación constante y contribuir a la formación y el desarrollo personal de los estudiantes. Los requisitos para los profesores universitarios están relacionados con la vida en un mundo diverso y con los constantes cambios que ocurren en la educación, donde uno de los motivos más significativos es el uso de las tecnologías de la información y la comunicación que influyen en nuestros días dentro del proceso innovador educativo, constituido fundamentalmente en la docencia y la investigación.

Las responsabilidades, competencias y características que se requieren por los profesores universitarios para desarrollar una buena docencia, se hallan en las bases de una fecunda investigación que, en su trayectoria de cada día le hace ir enseñando un poco más de lo que sabe, para que sus conocimientos y sabiduría no se vean desgastados por el uso, conscientes que pueden influir desde sus actividades de enseñanza e investigación en relación con los estudiantes. Asimismo, para la docencia se considera esencial la innovación de la competencia especializada de los profesores en las disciplinas que enseñan y que se da por lograda.

De igual manera, también se valora las disposiciones personales, características, enfoques y habilidades del profesor, que incluyen la comunica-

---

1. PERDOMO ANDRADE, I., «Revisión sobre el uso de las TIC'S en la Ciencia. Revista Latinoamericana De Educación Científica, Crítica y Emancipadora», vol. 1, núm. 2, 2022, p. 1. Disponible en https://revistaladecin.com/index.php/LadECiN/article/view/93 [Consulta: 01/04/2024].

ción, el trabajo en equipo, la creatividad, el pensamiento crítico, la resolución de problemas y el desarrollo de la independencia del estudiante, entre otras. Por último, pero no menos importante, se estima la capacidad del docente para llevar a cabo la reflexión, la autorreflexión, la evaluación justa, su capacidad para tener una visión desapegada y ser útiles, lo que mejora la motivación positiva en los estudiantes en la asignatura de Derecho Financiero y Tributario planteada en la estructura universitaria que da forma a todo el sistema.

En el Espacio Europeo de Educación Superior ha habido una marcada tendencia a mejorar la calidad de los programas y cursos que ofrecen las universidades que, desde la Declaración de Bolonia se han dirigido a asegurar, garantizar y demostrar la calidad de la oferta educativa ante el rápido crecimiento de la demanda internacional de enseñanza superior, que exige mayores competencias, para que el estudiante en el futuro pueda saber gestionar y seleccionar la información con sabiduría y fiabilidad para realizar un análisis exhaustivo en busca de la solución de los posibles problemas que puedan plantearse[2].

Por ello, es misión del docente aportar esquemas, principios y herramientas que ayuden al alumno desarrollar, a partir de aquellas pinceladas que el profesor pudo plasmar durante el curso, un entendimiento jurídico mayor en todos los ámbitos. De este modo, el estudiante sale mucho más preparado de la universidad, para enfrentarse a retos que se presentan en un mundo globalizado y tecnológico como el actual, constantemente actualizado. Estos motivos destacan más claramente si aprovechamos todo el potencial de las tecnologías de la información y la comunicación en el estudio de la enseñanza en las aulas del Derecho financiero y tributario, dadas las posibilidades infinitas que ofrecen las herramientas digitales a la hora de transmitir conocimientos.

En consecuencia, si tomamos en cuenta que los estudiantes actuales son nativos digitales que han nacido y crecido con la tecnología e internet como algo natural y cotidiano, resulta necesario y vital la integración de este instrumental en su proceso de aprendizaje para facilitarles la adquisición de

---

2. LÓPEZ ESPADAFOR, C. M., «Estudio preliminar. Bases para mejorar la docencia universitaria», AA.VV., *Desafíos actuales de la innovación docente en ciencias jurídicas y sociales*, Madrid, Dykinson, 2022, p. 5. *Vid.* FERNÁNDEZ AMOR, J. A. y SÁNCHEZ HUETE, M. A., «Una propuesta para la docencia del Derecho Financiero en el contexto del nuevo Espacio Europeo de Educación Superior», *Documentos-Instituto de Estudios Fiscales*, núm. 30, 2009, pp. 169-174.

conocimientos, en asignaturas tributarias que en ocasiones generan dificultades en los estudiantes, se hace lógico la introducción de las TIC[3] como un factor motivador e innovador de interés para enlazarlas con su actualidad.

Si bien, en la influencia fundamental sobre la educación en la formación de valores sociales que da forma a la moral tributaria, encontramos que la educación tiene un impacto positivo en la moral fiscal para aquellos individuos que son beneficiarios netos del estado de bienestar y, un impacto negativo para aquellos que son contribuyentes netos, al indicar que los más educados debido a su mejor conocimiento sobre asuntos públicos exhiben niveles más altos de moral tributaria en aquellos países que tienen servicios públicos de mejor calidad, un sistema tributario más justo e instituciones de mayor calidad, que referimos al respecto.

II. LA INFLUENCIA DE LA EDUCACIÓN TRIBUTARIA EN LA EDUCACIÓN SUPERIOR HACIA EL CONOCIMIENTO FISCAL Y SU EFECTO EN EL CUMPLIMIENTO VOLUNTARIO TRIBUTARIO

Los impuestos sirven para financiar las Administraciones Públicas nacionales y, tienen una gran influencia en toda la actividad económica, creando incentivos y subsidios que moldean el comportamiento fuertemente al igual que cualquier regulación y son el canal principal para la distribución de la riqueza a través de la ley. Expertos y académicos de vanguardia investigan y enseñan sobre todos los aspectos de los impuestos, incluidos los objetivos y la política, su impacto y cómo se administra la ley tributaria. Asimismo, los estudiantes de ahora al aprender sobre cómo operan los grandes impuestos IVA e IRPF, por ejemplo, también tendrán la oportunidad de ayudar a los contribuyentes en el futuro sobre los sistemas tributarios.

Recaudar ingresos tributarios suficientes continúa siendo un desafío importante para muchos países. Por ello, según informe de 2023 de la

---

3. BOLAÑO GARCÍA., M.; DUARTE ACOSTA, N. y GONZÁLEZ CASTRO, K., «Producción científica sobre el uso de las TIC como herramienta de inclusión social de personas sordas: un análisis bibliométrico», *Salud, Ciencia y Tecnología*, vol. 3, 2023. Disponible en: https://revista.saludcyt.ar/ojs/index.php/sct/article/view/318 [Consulta: 01/04/2024].

OCDE[4], la educación de los contribuyentes e identificar desafíos y soluciones comunes supone una herramienta clave para transformar la cultura tributaria y aumentar el cumplimiento voluntario de los individuos y las empresas a pagar los impuestos correspondientes, al ejercer un papel vital en el núcleo de la movilización de los ingresos fiscales que se necesitan urgentemente para a ayudar a que se puedan alcanzar los Objetivos de Desarrollo Sostenible a nivel europeo. La motivación intrínseca para pagar impuestos muestra que el aumento de la alfabetización fiscal puede desempeñar un papel activo en la configuración de la cultura tributaria de un país.

Diseñar e implementar iniciativas de educación para los estudiantes universitarios de Derecho Financiero y Tributario adaptadas a la realidad social, puede tener un enfoque principal dirigido a la comunicación de impuestos a través de un compromiso de sensibilización a través de orientaciones científicos basados en la economía del comportamiento para adaptar las comunicaciones y fomentar respuestas positivas. Todo ello, en apoyo del cumplimiento tributario proporcionando asistencia práctica y directa de formación a los estudiantes con el uso de herramientas electrónicas modernas, para facilitar los requisitos de información necesarios y ayudar a los ciudadanos, para que vean el pago de impuestos como un aspecto esencial de la relación con sus gobiernos.

Es un hecho, como ya señaló Grace Pérez-Navarro, exdirectora adjunta del Centro de Política y Administración Tributaria de la OCDE, que «los sistemas tributarios eficaces se basan en altos niveles de cumplimiento voluntario; aumentar la comprensión de cómo las herramientas de educación del contribuyente pueden impactar directamente en la voluntad de los contribuyentes de cumplir voluntariamente puede ayudar a los países a aumentar los ingresos que necesitan para alcanzar los Objetivos de Desarrollo Sostenible y generar confianza en la equidad del sistema tributario»[5], así ha sido entendido por la docencia universitaria que la ha integrado en sus aulas.

---

4.   OCDE, *Educación cívico-tributaria para fomentar la cultura tributaria, el cumplimiento fiscal y la ciudadanía*, OECD Publishing, París, 2023. Disponible en https://search.oecd.org/tax/tax-global/educacion-civico-tributaria-para-fomentar-la-cultura-tributaria-el-cumplimiento-fiscal-y-la-ciudadania-aspectos-destacados.pdf [Consulta: 01/04/2024].

5.   OECD, *Taxpayer education to build tax culture, compliance and citizenship*, OECD Publishing, París, 2023. Retrieved from https://www.oecd.org/tax/tax-global/taxpayer-education-to-build-tax-culture-compliance-and-citizenship-highlights.pdf [Accessed on 01/04/2024].

Dado que la educación cívico-tributaria de los contribuyentes[6] no es solo asunto de las administraciones tributarias, los gobiernos se esfuerzan por enseñar, comunicar y ayudar a la ciudadanía para dar soluciones y contribuir a fomentar más investigaciones con el objetivo de reforzar la moral tributaria y el cumplimiento de las obligaciones fiscales por parte de las contribuyentes. Las iniciativas de educación fiscal ofrecen la posibilidad de interactuar de con las personas para ayudarles a superar los conocimientos sobre el sistema tributario, haciendo énfasis en la educación de la población más joven, introduciéndola en los programas de estudios superiores nacionales, para construir una sociedad mejor.

Argentina introdujo la educación fiscal en sus centros escolares. Para ello, la «Administración Federal de Ingresos Públicos (AFIP) creó una iniciativa centrada en mejorar la comprensión de los estudiantes sobre los impuestos y la función de estos en la sociedad»[7]. La AFIP coordinó reuniones periódicas con los actores clave del sistema educativo, invirtió en la creación de materiales didácticos y apoyó al profesorado para que pudiesen convertirse en agentes de cambio y transformar los impuestos en una parte

---

6. Las iniciativas de la OCDE revolucionaron la educación fiscal. Así la influencia de la educación cívico-tributaria en la moral tributaria lleva varios años siendo un componente esencial de este trabajo, que se «inició con la publicación de la primera edición del informe *Fomentando la cultura tributaria, el cumplimiento fiscal y la ciudadanía en 2015*. Tras las reacciones a la primera publicación, la OCDE siguió investigando sobre este tema mediante una encuesta internacional más extensa, que amplió el alcance del análisis a 59 países de seis continentes. En ella se pedía a las administraciones tributarias participantes que identificasen sus principales iniciativas de educación cívico-tributaria y aportasen datos descriptivos sobre su aplicación y eficacia. Con esta encuesta, se recabaron datos sobre 140 iniciativas, cuyo análisis ha servido como base para la publicación de la segunda edición del informe *Fomentando la cultura tributaria, el cumplimiento fiscal y la ciudadanía en 2021*. Esta edición amplía el alcance del primer informe, al crear una clasificación de las iniciativas de educación cívico-tributaria y facilitar directrices para quienes crean programas de este tipo, identificando desafíos habituales y soluciones relacionados con esta materia. En 2023, en el informe *Educación cívico-tributaria, una herramienta fundamental para aumentar el cumplimiento fiscal voluntario*, examinando examina cómo utilizan los países la formación en cuestiones tributarias para mejorar el cumplimiento fiscal voluntario, a través del estudio de casos sobre estrategias de educación cívico-tributaria aplicadas en 28 países, principalmente países en desarrollo» (OCDE, *Educación cívico-tributaria para fomentar la cultura tributaria, el cumplimiento fiscal y la ciudadanía*, cit. Disponible en https://search.oecd.org/tax/tax-global/educacion-civico-tributaria-para-fomentar-la-cultura-tributaria-el-cumplimiento-fiscal-y-la-ciudadania-aspectos-destacados.pdf [Consulta: 01/04/2024]).

7. AFIP, *Difusión e inclusión tributaria: asistente fiscal*, Argentina, 2023. Disponible en https://www.afip.gob.ar/educacionTributaria/difusion-inclusion-tributaria/asistente-fiscal.asp [Consulta: 01/04/2024].

integrante de la educación de la ciudadanía. Es una manera de formar una relación positiva con los contribuyentes para sensibilizar e informar en materia tributaria.

Otras administraciones tributarias están cooperando con expertos externos normalmente académicos, con la finalidad de utilizar sus conocimientos especializados en materia tributaria para adaptar la información y aumentar el compromiso por parte de las personas, desde el impulso basado en la economía conductual, para adaptarlo al público objetivo, por la complejidad de los sistemas tributarios y las dificultades que presentan los contribuyentes para cumplir con sus obligaciones fiscales. Factores que pueden tener como consecuencia una importante pérdida de recaudación de impuestos.

La asistencia de las administraciones tributarias para el logro de una educación cívico-tributaria se suele facilitar a través de herramientas digitales que facilitan la prestación de asistencia directa, permitiendo opciones disponibles de nuevos servicios para los usuarios.

La construcción de la cultura fiscal en aras del cumplimiento voluntario sigue siendo en la actualidad muy importante porque los recursos de las administraciones tributarias son escasos, tanto en términos financieros como humanos. Especialmente importante es apoyar los esfuerzos de los países en desarrollo para la educación de los contribuyentes ya que se enfrentan a bajos ingresos y escasos niveles de moral tributaria. Por tanto, resulta especialmente importante explicar el papel de los impuestos en la sociedad y construir la moral fiscal que aumente los ingresos, desde el diseño e implementación de iniciativas de educación de los contribuyentes para llevarlas a cabo en todo el mundo.

La educación de los contribuyentes puede tomar muchas formas, adaptándose a la necesidad de cada lugar. Las iniciativas abarcan una amplia variación de enfoque, desde llegar a grupos de ciudadanos que tienen un contacto limitado con la administración tributaria, por ser vulnerables, por estar lejos de las principales ciudades o simplemente, carecer de acceso a la tecnología. Para ello, la educación utiliza toda la gama de medios de comunicación tanto físicos como virtuales, para lograr sus objetivos.

Es evidente que no existe un enfoque único para la educación de los contribuyentes, ya que se opera bajo diferentes limitaciones de recursos para lograr esa educación en materia tributaria, en donde cabe recordar la misión de las universidades de crear y enseñar ciencia, para generar el razonamiento crítico de los estudiantes que en la asignatura de Derecho Financiero y Tributario estará basado en los principios rectores constitucionales del artículo 31 de la CE en materia tributaria[8], con el fin de aportar a los estudiantes aquello que le servirá a su desarrollo profesional y enfrentarse en su trabajo jurídico futuro, con el objetivo de poder contribuir también a la educación de los contribuyentes.

Ciertamente, la universidad tiene una misión muy importante tanto en los estudios como en la aplicación de los tributos, por ello, tiene que reaccionar ante un entorno cambiante que exige orientar a los contribuyentes hacia aquellos valores de ética fiscal que permiten una sociedad más justa y mejor, atendiendo al principio de justicia que debe orientar hacia la globalización económica que requiere de una solidaridad en el plano mundial, que pueda llegar a los contribuyentes para crear conciencia sobre los impuestos. Dado que el sistema tributario se basa en el cumplimiento voluntario, es importante garantizar un conocimiento suficiente de las leyes, incluidos los cambios a través de las redes sociales para comunicar los impuestos y crear conciencia y sensibilizar a los ciudadanos elevando la moral y su cumplimiento tributarios. Todas estas iniciativas tienen como objetivo combatir la elusión fiscal y construir administraciones tributarias más fuertes.

Existen varias estrategias innovadoras que se pueden utilizar en el proceso de enseñanza-aprendizaje del derecho tributario. Una de ellas es la utilización del método TPACK y otra es una propuesta didáctica basada en el sistema LaTeX, entre otras.

III. LA INNOVACIÓN DE LA METODOLOGÍA TPACK INCLUYE TECNOLOGÍA, PEDAGOGÍA Y CONOCIMIENTO EN LA PRÁCTICA DEL DERECHO TRIBUTARIO

Nos encontramos insertos en la sociedad de la información[9] y en este contexto la tecnología está presente en la universidad y, lo estará todavía más en las generaciones futuras. Es por ello, que resulta una realidad la integración de las TIC en el ámbito educativo, donde el docente juega un

---

8. SÁNCHEZ SÁNCHEZ, E. M., *El principio de igualdad en materia tributaria,* Aranzadi-Thomson Reuters, Navarra, 2016, p. 10.
9. PITA GRANDAL, A. M. (dir.); MALVÁREZ PASCUAL, L. A. (dir.) ... [et al.], *La digitalización en los procedimientos tributarios y el intercambio automático de información,* Aranzadi-Thomson Reuters, Navarra, 2023, pp. 5-10.

papel muy relevante y fundamental en los procesos de enseñanza-aprendizaje mediados por las TIC, desde el conocimiento de los instrumentos, equipos o materiales, concebidos como elementos que articulan y persiguen la optimización del proceso de enseñanza y su perfeccionamiento. Por ejemplo, el empleo del ordenador como herramienta de trabajo y como medio de enseñanza es óptimo para el aprendizaje. Un modelo que describe claramente cuáles son dichos conocimientos es el marco TPACK[10], que quiere plasmar un referente en torno a la tipología y naturaleza de las competencias digitales del docente.

Es evidente, que las universidades desempeñan un papel clave para impulsar la economía de diferentes maneras. Por ejemplo, pueden ofrecer capacitación, apoyo y oportunidades de empleos significativos para que los estudiantes puedan desarrollarse después de sus estudios, en cualquiera de las principales instituciones del mundo. Asimismo, las universidades pueden ser una fuente de innovación y emprendimiento, que ayude a impulsar la economía para garantizar que estas ganancias se compartan entre todos aquellos sectores más desfavorecidos. Además, pueden ser el lugar donde se realizan las investigaciones que pueden tener un impacto económico significativo. También, deben ser el motor económico más significativo de una región o ciudad al atraer estudiantes y profesores de todas partes, impulsando con ello, el poder contribuir al desarrollo económico y social, de especial interés.

Sin embargo, explorando el nexo entre la tecnología y la sociedad, cabe precisar que no existe garantía de que la tecnología beneficie automáticamente a toda la humanidad, de ello deriva la mayor obligación de las instituciones de educación superior para su intervención en la revolución digital. Dependerá entonces de la universidad, proporcionar los expertos en políticas, economistas y tributaritos que puedan señalar el camino a seguir, así, como científicos y sociólogos que ayuden a garantizar que el destino

---

10. «El modelo TPACK fue planteado a mediados del año 2006 por los profesores Punya Mishra's y Matthew Koehler. Con el propósito de centrar la atención en el tema, se plantea la interrogante de cuáles son los conocimientos necesarios para incorporar herramientas y recursos de las nuevas tecnologías en el aula. El modelo identifica los tipos de conocimientos que un docente necesita dominar para integrar las TIC de una forma eficaz en las clases. La incorporación exitosa de las TIC en la enseñanza depende de los conocimientos transmitidos, de la pedagogía y la tecnología, pero no se debe olvidar el contexto en el cual se aplica» (*Vid.* GARRIDO-ABIA, R.; GARCÍA-LÁZARO, D. and MARCOS-CALVO, M. A., «Virtual education in university teaching. Application of the TPACK model in quantitative subjects», *Intangible Capital*, vol. 19, issue 1, 2023. Retrieved from http://dx.doi.org/10.3926/ic.2109 [Accessed on 01/04/2024]).

esté diseñado tanto para personas como máquinas. Para conseguirlo, debemos asegurarnos de que todos los académicos, tecnólogos e investigadores trabajen codo con codo para impulsar esta revolución tecnológica, que pueda ser aprovechada por los mercados laborales, quienes han demostrado una capacidad impresionante para absorber cambios asombrosos en la tecnología. Si bien, todo ello sin un aumento preocupante de la desigualdad entre los ciudadanos, en atención a la brecha creciente en los ingresos entre los mejor educados.

La innovación tecnológica está transformando radicalmente la educación y actualizando las competencias necesarias para el trabajo moderno. La construcción de sistemas educativos preparados para el futuro requiere planes de estudio adecuados para el siglo XXI, junto con la impartición sistemática de una enseñanza ampliamente accesible que siente unas bases sólidas para toda una vida de adaptación y desarrollo de nuevas capacidades. La educación especializada debe centrarse en particular en las competencias que se demandan en el mundo real, y abordar la desconexión entre las necesidades de los profesores y las reservas de talento disponibles.

La revolución digital[11] se acelera cada día. Los avances en la automatización, la digitalización de la información, el acceso sin precedentes a los datos y la democratización del conocimiento están transformando todos los sectores de nuestra economía, el alcance, la escala y la difusión de estas interrupciones no tienen precedentes.

A medida que avanzamos por el impulso de la tecnología, también las universidades se han visto proclives a cambiar el ritmo para atender la educación superior. Si bien nuestra misión principal es educar a la próxima generación y cultivar nuevas formas de conocimiento, también se debe adoptar una mayor dedicación para impulsar la innovación hacia un importante desarrollo económico y social en diferentes términos, que fomente desde las universidades el espíritu empresarial como parte de la experiencia académica, creando la cultura adecuada donde el pensamiento innovador se inspire y nutra. El ímpetu de los estudiantes que llegan a la universidad es buscar realizar diferencias en la sociedad, ya sea a través de nuevas empresas u otras de su propia creación. Por su parte, también se aprecia el

---

11. SANTANDREU CALONGE, D.; KAMALOV, F. and GURRIB, I., «New Era of Artificial Intelligence in Education: Towards a Sustainable Multifaceted Revolution», *Sustainability*, vol. 15, issue 16, 12451, 2023. Retrieved from https://doi.org/10.3390/su151612451 [Accessed on 01/04/2024].

mismo tipo de energía y entusiasmo en los docentes jóvenes, en busca de ofrecer nuevos hallazgos tecnológicos como parte de su carrera didáctica.

1. REFORMA DE LA ENSEÑANZA COMBINADA EN LA PRÁCTICA DEL DERECHO FINANCIERO Y TRIBUTARIO Y EL MARCO TPACK

Con el transcurso de los años, el aprendizaje basado en la información y la comunicación, esencialmente el carácter popular de la tecnología de Internet en el ámbito de la educación se ha convertido en una parte necesaria de la enseñanza habitual y, una tendencia inevitable de la reforma y el desarrollo de la educación. Al mismo tiempo, nuestro concepto educativo, conocimiento de enseñanza y contenido de la materia tributaria deben innovarse constantemente. Tomando como ejemplo la asignatura de Derecho tributario, basada en el marco TPACK, para integrar el aprendizaje combinado en el plan de estudios deberá realizarse los ajustes correspondientes, para permitir que los estudiantes tengan una comprensión más profunda del contenido de aprendizaje, cultivar la capacidad de gestión financiera y la calidad profesional de los estudiantes y, al mismo tiempo, tener una capacidad básica de procesamiento de impuestos, con el fin de lograr un modo de enseñanza centrado en la integridad de los estudiantes, la optimización de los recursos docentes y la alta eficiencia de la calidad de la enseñanza[12].

Por tanto, como base, será importante tomar la innovación del estilo de aprendizaje, el modo de realización de educación como núcleo y, el mecanismo y la formación de equipos como garantía. Del mismo modo, la informatización de la educación debe desempeñar un papel importante en el proceso de construcción de una sociedad encaminada al aprendizaje y un país poderoso con recursos humanos, que apoye el desarrollo y la innovación de liderazgo, especialmente tras el éxito generado en torno a la investigación y aplicación del aprendizaje combinado transformado en la principal corriente de la reforma educativa. Estas medidas de reforma de la enseñanza a nivel superior han contribuido a mejorar el aprendizaje en profundidad de los estudiantes. El modelo TPACK identifica el tipo de

---

12.   XIN, L., «Blended teaching reform and practice of tax law based on TPACK Framework», in *Big Data Analytics for Cyber-Physical System in Smart City, BDCPS 2020, Advanced in Intelligent Systems and Computing*, vol. 1303, Singapore, Springer, 2021. Retrieved from https://doi.org/10.1007/978-981-33-4572-0_106 [Accessed on 01/04/2024].

conocimiento que un docente necesita dominar para integrar las TIC de una forma eficaz en la enseñanza que imparte.

En la actualidad, el diseño de la enseñanza superior tributaria moderna y otros aspectos representan un serio desafío, derivado de la tecnología de la educación con el apoyo de métodos de enseñanza de aprendizaje combinado como el núcleo que jugará un papel cada vez más importante en la enseñanza del derecho fiscal, con el fin de proporcionar nuevos métodos e ideas que reformen la enseñanza de la práctica docente en esta materia, con la finalidad de procurar nuevos métodos e ideas para su reforma.

En la construcción de la modalidad tributaria está el Derecho fiscal como norma jurídica básica para ajustar la relación distributiva entre el estado y los contribuyentes, por representar la norma jurídica que mantiene el orden económico, la estabilidad social y proteger los intereses del Estado y, también, los derechos e intereses legítimos de los ciudadanos, al establecer el código de conducta para ambas partes.

De otro lado, el Derecho tributario es la disciplina que forma parte del derecho financiero y tiene por objeto de estudio el ordenamiento jurídico que regula el establecimiento y aplicación de los tributos. Estudia las normas jurídicas, con las cuales el Estado ejerce su poder tributario con la finalidad de obtener de los contribuyentes ingresos que sirvan para sufragar el gasto público que recoge el artículo 31 de la CE, en la consecución de conseguir el bien común. El curso de Derecho tributario es obligatorio para las carreras de Derecho tributario[13], finanzas y economía, con una fuerte pro-

---

13.   «El desarrollo del Derecho tributario como un sistema general integral es un fenómeno reciente. La razón es que no existía un sistema general de impuestos en ningún país antes de mediados del siglo XIX. En las sociedades tradicionales, esencialmente agrarias, los ingresos del gobierno se extraían de fuentes no tributarias (como tributos, ingresos de los dominios reales y rentas de la tierra) o, en menor medida, de impuestos sobre diversos objetos (impuestos sobre la tierra, peajes, aduanas e impuestos especiales). Los gravámenes sobre la renta o el capital no se consideraban un medio ordinario para financiar al gobierno. Aparecieron primero como medidas de emergencia. El sistema británico de impuestos sobre la renta, por ejemplo, uno de los más antiguos del mundo, se originó en la ley de 1799 como un medio temporal para satisfacer la creciente carga financiera de las Guerras Napoleónicas. Otra razón para el desarrollo relativamente reciente de la ley tributaria es que la carga de los impuestos —y el problema de los límites definidos al poder tributario de la autoridad pública— se hizo sustancial solo con la ampliación del concepto de la esfera adecuada del gobierno que ha acompañado la creciente intervención de los estados modernos en el ámbito económico, social, asuntos culturales y otros» (*Vid.* AMATUCCI, A. y D'AMATI, N., *Historia del Derecho de la Hacienda Pública y del Derecho tributario en Italia*, Temis, Colombia, 2021, pp. 99-139).

fesionalidad y multidisciplinariedad transversal. En el proceso de organización y diseño del plan de estudios de los contenidos de enseñanza y aprendizaje en materia tributaria para utilizar el método de enseñanza combinados sobre la base del marco TPACK, se combinará la práctica y la teoría, y, se tendrá en cuenta la demanda de investigación textual y el desarrollo profesional de los estudiantes.

Hay que mencionar, que justamente dicho modelo tome como cualidad la participación del alumno hace que algunas instituciones educativas como la universidad se conviertan en exitosas, porque propicia el trabajo colaborativo y cooperativo entre los estudiantes, logrando entender que el empleo de la tecnología funciona como un constante generador de ideas. Es decir, la colaboración se convierte en un valor positivo y distinto frente a otros, por lo que es esencial entender que el uso de la tecnología actúa como trampolín de ideas que se reconstruyen según las necesidades dentro del ámbito académico.

Es por ello, que como docentes tenemos la responsabilidad de formarnos y actualizarnos constantemente, innovando para poder ayudar a los alumnos a obtener un aprendizaje basado en un intercambio abierto y autónomo. Una de las ventajas del modelo TPACK es que se tiene la libertad de trabajar cuando se disponga a hacerlo sin depender de otro, o intercambiar puntos de vista con otros estudiantes, logrando con ello uno de los pilares de la educación que es aprender haciendo.

2. EL EFECTO DEL MODELO TPACK EN LAS CLASES DE DERECHO TRIBUTARIO Y SUS OBJETIVOS

El método TPACK por sus siglas en inglés, corresponde al concepto Conocimiento Técnico, Pedagógico y de Contenido, que estudia la integración de la tecnología en la educación y se basa en la combinación de tres variables (tecnología, pedagogía y contenido) en las que cada docente debe formarse desde el conocimiento tecnológico, conocimiento pedagógico y conocimiento de contenido. La intersección de la teoría y la practica en la educación se refiere a la combinación de ambas dimensiones para convertirse en un conocimiento práctico sobre como enseñar lo que se supone que debe ser enseñado en un área establecida.

Este modelo concibe la tecnología como un elemento más, a la hora de tenerlo en cuenta en el diseño de los procesos de enseñanza-aprendizaje, situándola al mismo nivel que los contenidos de la materia tributaria trabajada o los conocimientos pedagógicos, resaltando la importancia que tiene el desarrollo desde un punto de vista tecno-pedagógico a la hora de trabajar un contenido específico utilizando tecnologías digitales.

Cada vez son más los centros educativos que implementan nuevas herramientas tecnológicas para incorporarlas en el aprendizaje de sus alumnos. El modelo TPACK es una metodología que refleja una interrelación entre estos tres componentes básicos de conocimiento que todo docente debe manejar para incorporarlos al aprendizaje del alumnado. Este proceso requiere, además, que los docentes se adapten al cambio tecnológico y trabajen estas competencias para, en combinación con sus conocimientos pedagógicos, disciplinares y de contenido, se logre un entorno educativo válido con el fin de integrar de forma efectiva y eficaz las Tecnologías de la Información y la Comunicación (TIC) en el aula, ya que se ha convertido en un marco de referencia, utilizado con recurrencia para la investigación y la práctica en el campo de la educación.

Asimismo, el modelo TPACK[14] se desarrolla para plasmar la importancia del conocimiento del docente respecto al contexto de actuación, valorando el grupo-clase, la universidad, el contexto socio-económico, las políticas educativas, así también otros factores, como las competencias que posea el docente para hacer efectiva la integración de las TIC en la educación es un tema abordado necesariamente en cualquier nivel educativo, ya que se trata de un aspecto al cual no podemos dar la espalda, porque vivimos en la sociedad de la información y en este contexto la tecnología está presente, y perdurará en las generaciones futuras. En esta situación, aplicar el TPACK permite que la experiencia educativa logre ser mejorada cuando se utiliza las TIC.

Estamos inmersos en un mundo que se transforma vertiginosamente y este dinamismo tiene enormes impactos sobre la misión de las universidades, provocando un desarrollo acelerado sobre la optimización del proceso de enseñanza-aprendizaje, lo que lleva a plantearse, que la concepción de este proceso debe ser intencionada desde la dirección de la universidad con la participación del claustro y los distintos factores de la dirección universitaria. Asimismo, el entorno social se encuentra cada vez más ávido de mayor conocimiento y tecnología, con una mayor responsabilidad frente a

---

14. MISHRA, P.; WARR, M. and ISLAM, R., «TPACK in the age of ChatGPT and Generative AI», *Journal of Digital Learning in Teacher Education*, issue 4, vol. 39, 2023, p. 235. Retrieved from https://doi.org/10.1080/21532974.2023.2247480 [Accessed on 01/04/2024].

la avalancha de exigencias y cambios, por lo que la universidad no debe, ni por un instante, detenerse en la inercia porque estaría sepultando a la sociedad en su conjunto.

Este modelo de educación superior busca que la decisión tecnológica, es decir, la metodología a implementar en la actividad orientada al aprendizaje del estudiante se apoye en todos los supuestos, por una necesidad pedagógica. La tecnología y su conocimiento se han convertido en un sector esencial que ha de ser dominado por el docente para ponerlo en práctica dentro del proceso de enseñanza-aprendizaje. En la actualidad, la existencia de múltiples estudios basados en TPACK[15], ha permitido proponer diferentes marcos para promover una visión particular, incluyendo formas y perspectivas diversas sobre la comprensión y el trabajo con la tecnología en el aula.

En efecto, el núcleo del TPACK está formado por tres formas de conocimiento primario, que cada docente aplicará en su curso, de acuerdo con su visión de la enseñanza y atendiendo a otros factores específicos como el curso, la demografía, la cultura y otros componentes que garantizan que cada situación es única, a lo que añadiremos que la situación ideal sería que los tres elementos primarios se unieran totalmente, aunque no ocurrirá fácilmente. Estos objetivos brevemente los señalamos.

a. *El concepto de Conocimiento de los Contenidos*. Es el conocimiento de los profesores en base a la materia que hay que aprender o enseñar. El contenido que se aborda en el curso de Derecho Financiero y Tributario en la Universidad podría incluir el conocimiento de los conceptos, teorías, ideas, marcos de organización, el conocimiento de evidencias y pruebas, así como las prácticas que se han de establecer y cómo enfocar el desarrollo de tal conocimiento. Es el QUÉ se enseña.

b. *El concepto de Conocimiento Pedagógico*. Es el conocimiento profundo de los profesores sobre los procesos y las mejores prácticas o métodos de enseñanza, para enseñar contenido específico a sus estudiantes especiales. Comprende, entre otras cosas, los fines educativos en general, valores y objetivos. Este modo genérico de conocimiento se aplica a la comprensión de cómo aprenden los estudiantes, habilidades de manejo de la clase en

---

15. CELIS ROMERO, A. y SÁNCHEZ GUZMÁN, P., «Análisis de competencias docentes en un ambiente virtual de aprendizaje a través del modelo TPACK», en AA.VV., *La comunicación y el lenguaje entre las personas: herramientas didácticas para el desarrollo de las sociedades*, Madrid, Dykinson, 2023, pp. 406-407.

general, la planificación de clases y la evaluación de los alumnos. Es el CÓMO se enseña.

c. *El concepto de Conocimiento Tecnológico*. Es el conocimiento sobre ciertos modos de pensar y trabajar con la tecnología, las herramientas y los recursos digitales, como instrumento para la experiencia y resultados del aprendizaje deseado. Trabajar la tecnología para poder aplicarla a todas las herramientas y recursos tecnológicos disponibles que puedan mejorar o transformar el contenido, saber cómo se debe entregar a los estudiantes y como pueden interactuar con ellos. Esto incluye entender la tecnología de la información de forma lo suficientemente amplia como para aplicarla de manera productiva en el aula y, después hacerlo en la vida cotidiana, ser capaz de reconocer cuándo la tecnología de la información puede ayudar u obstaculizar el logro de un objetivo, y ser capaz de adaptarse continuamente a los cambios de esta.

Finalmente, en el desarrollo de planes y programas donde entra en juego la tecnología[16], la fusión del conocimiento pedagógico y el tecnológico, dando lugar a elegir que se necesita para poder enseñar con un rango diferente a la hora de aplicar los recursos tecnológicos.

Por este motivo, entre las competencias que deben tener los profesores no parece suficiente que sepan y dominen su asignatura, sino que deben contar con bases pedagógicas y en la actualidad hacer uso de los nuevos métodos relacionados con la tecnología para ampliar el campo docente. Es por ello, que cada vez más, se requiere profesores formados en la intersección entre estas tres áreas que le llevan a conocer las bondades del modelo TPACK, dado que en la actualidad son esenciales en virtud de que en esta nueva era los alumnos son nativos digitales. En consecuencia, la planificación docente siempre debe estar situada y adaptada al contexto, cuidando de que envuelva todas las exigencias teóricas, estructurales, sin detrimento del desarrollo humano.

El objetivo del método TPACK es comprender como usar la tecnología para enseñar conceptos de una manera que mejore las experiencias de aprendizaje de los estudiantes. La razón de que el marco TPACK es importante, es porque nos muestra que existe una relación entre la tecnología, el

---

16. SÁNCHEZ SÁNCHEZ, E. M., «Cómo la fiscalidad internacional puede ser cambiada por las implicaciones y oportunidades de la inteligencia artificial y la robótica», en AA.VV., *La disrupción tecnológica en la Administración Pública: retos y desafíos de la inteligencia artificial*, Thomson Reuters-Aranzadi, Navarra, 2022, pp. 157-171.

contenido y la pedagogía, dado que la combinación intencional de ellos es clave, resulta fácil pensar que las herramientas digitales por sí solas no pueden mejorar la educación.

Esta comprensión actual del uso de TPACK no solo mejora la capacidad de los estudiantes para el uso de la tecnología, sino que aquellos candidatos a profesores les servirá también para la pedagogía en sus profesiones. Este conocimiento, también allana el camino para que los docentes involucren a los estudiantes al aprendizaje colaborativo y lleguen a desarrollar el concepto de pedagogías digitales, concepto que puede abarcar el enfoque de enseñanza, actitudes de los alumnos y resultados de aprendizaje deseados.

Asimismo, también debería usarse para avanzar y desarrollar nuevas formas de desarrollo profesional que pueda llevar a una mejor comprensión de la asociación entre la tecnología y la pedagogía. Es decir, hacer un balance a través de la lente del método TPACK desde el centro del modelo donde todas las formas primarias de conocimiento se mezclan y poder considerar las relaciones individuales existentes que como se observa puede ser útil.

El efecto esperado del objetivo de conocimiento es que los estudiantes sean capaces de aplicar el conocimiento de la normativa tributaria para resolver problemas financieros prácticos, así, a la hora de enfrentarse a problemas fiscales los alumnos están preparados para saber desde qué aspectos tomar hasta su análisis. Adquiriendo capacidad formativa a través de la introducción de casos, análisis de ejemplos y otros enlaces para fortalecer el proceso de análisis de problemas, a fin de guiar a los estudiantes a discutir activamente los problemas fiscales en la sociedad actual.

Dentro del objetivo de habilidad, ante los fenómenos sociales, los estudiantes deben saber qué tipo de cuestiones tributarias se reflejan en ellos. Donde a través del método básico de gestión financiera, el caso introduce y analiza el proceso de cálculo, para que los estudiantes puedan saber qué tipo de problemas tributarios se reflejan en el fenómeno social, y puedan realizar el cálculo de impuestos.

Desde el objetivo de calidad, se requiere que los estudiantes deben mantener una ética profesional adecuada cuando se trata de asuntos fiscales, que conlleve un comportamiento profesional a través de la introducción de los casos, desde los pros y los contras, los estudiantes deben mantener la ética profesional al resolver el tratamiento tributario.

No obstante, para lograr beneficios del marco TPACK no hay que ir con todo para obtener algo de él, puede aplicarse a cada lección o revisarlo de vez en cuando, este modelo puede ayudar al docente a pensar más estratégicamente sobre cómo se está utilizando la tecnología en el aula. Es posible que el profesor se sorprenda de lo que sus lecciones y estrategias pueden convertirse a través de una meticulosa y reflexiva lente del marco TPACK, ya sea dividiendo sus estrategias didácticas en prácticas más pequeñas y procesables que puedan ayudar a tener un enfoque más impactante para satisfacer las necesidades individuales de los estudiantes, desde una pedagogía en la educación.

En este contexto, la universidad que tiene la misión de producir profesionales altamente competentes, éticos y orientados al servicio que contribuyan al crecimiento socioeconómico sostenible y al desarrollo del país, intentando identificar la naturaleza del conocimiento requerido por los docentes para la integración de la tecnología en su enseñanza. El conocimiento del contenido de la pedagogía tecnológica TPACK[17] es una teoría desarrollada para explicar el conjunto de conocimientos que los profesores necesitan para enseñar a sus estudiantes, de manera efectiva usando la tecnología, al tiempo que aborda la naturaleza compleja, multifacética y situada del conocimiento docente.

Esta actividad se convierte en una parte muy esencial de sus años universitarios para los estudiantes, porque los conocimientos y habilidades que han adquirido en los años que han permanecido en la universidad los están practicando plenamente. Hay países que no pueden desarrollar su docencia de forma tecnológica porque tienen grandes desafíos como es el acceso a Internet, pero a pesar de la insuficiencia han recurrido a las tecnologías de la información y la comunicación (TIC) como una herramienta para mejorar la enseñanza y el aprendizaje de sus estudiantes desde el uso de tecnología educativa en sus respectivas universidades. Es evidente que, con el uso de Internet, a los estudiantes de les presenta información reciente que aporta muchas ventajas a su aprendizaje.

De hecho, el estudiante nativo digital de esta época, son los que tienen el conocimiento y la habilidad suficiente para usar y aplicar la tecnología. Por ello, las habilidades informáticas básicas entre los estudiantes univer-

---

17.   MAX, A. L.; LUKAS, S. and WEITZEL, H., «The pedagogical makerspace: Learning opportunity and challenge for prospective teachers' growth of TPACK», *British Journal of Educational Technology*, vol. 55, issue 1, 2024, p. 208. Retrieved from https://doi.org/10.1111/bjet.13324 [Accessed on 01/04/2024].

sitarios de hoy son tan importantes como cualquier otra materia. Las actividades basadas en las TIC aumentaron la conciencia de los estudiantes para ser pensadores más eficaces y creativos en el tratamiento de sus lecciones, proporcionándoles un fácil acceso a las discusiones y los involucran más en el proceso de su enseñanza-aprendizaje.

Hoy en día, los estudiantes más jóvenes están siendo introducidos al uso tecnológico en su aprendizaje y esto ayuda mucho a impulsar su desarrollo. Desde esta perspectiva el conocimiento en profundidad de las tecnologías educativas y su impacto en el aprendizaje permite a los docentes integrar las competencias digitales con sus conocimientos pedagógicos e incrementar su labor integrando la tecnología adecuada para cada proceso educativo.

En fin, el desarrollo del conocimiento pedagógico dice como el profesor hará que el contenido sea más accesible a los estudiantes, ya sea a través de instrucción directa, investigación, discusión grupal, debate, modelado, etc. También se seleccionarán los conocimientos tecnológicos y la importancia de la asociación entre ciertos elementos TPACK que puedan responder a que herramientas desde ordenadores, proyectos, pizarras inteligentes, multimedia o simulaciones, serán seleccionadas para realizar el contenido que sea más sencillo para los estudiantes. Una combinación de los tres tipos de teorías del conocimiento se puede combinar en diferentes permutaciones y combinaciones que es lo que finalmente resulta en TPACK, al tener en cuenta la relación entre las tres áreas y los profesionales de la educación que trabajan en esta área.

En conclusión, desde su creación, la teoría TPACK ha obtenido opiniones y críticas de todo el mundo y, a menudo, se considera una referencia tanto para fines profesionales como de investigación. De esta manera, el marco TPACK[18] demuestra ser una solución práctica para cerrar la brecha en la implementación de tecnología en el proceso de enseñanza del sistema tributario.

---

18. THYSEN, C.; HUWER, J.; IRION, T. and SCHAAL, S., «From TPACK to DPACK: The "Digitality-Related Pedagogical and Content Knowledge"-Model in STEM-Education», *Education Sciences*, vol. 13, issue 8, 769, 2023. Retrieved from https://doi.org/10.3390/educsci13080769 [Accessed on 01/04/2024].

IV. ESTRATEGIA BASADA EN LA PROPUESTA DIDÁCTICA DEL SISTEMA LATEX

LaTeX es un sistema de composición de textos que se utiliza para crear documentos científicos y técnicos. En la universidad, LaTeX se utiliza comúnmente para escribir tesis, TFG, prácticas, artículos y cualesquiera otros trabajos académicos en clase, por lo que es muy popular en la comunidad científica y académica debido a su capacidad para producir documentos de alta calidad con fórmulas matemáticas y símbolos complejos. LaTeX es un sistema de *software* libre y está disponible para Windows, Mac y Linux.

En general, LaTeX proporciona a los usuarios un gran control sobre la producción de documentos que están compuestos, con estándares extremadamente altos. Por supuesto, que hay tipos de documentos o publicaciones donde LaTeX no brilla plenamente, incluidos muchos diseños de páginas de formato libre que generalmente se encuentran en publicaciones de tipo revista.

1. EL RESULTADO DE INNOVACIÓN DEL SISTEMA LATEX EN LAS ESFERAS TRIBUTARIAS UNIVERSITARIAS

LaTeX es un sistema de *software* para la preparación tipográfica de documentos, que apareció en 1985 como el primer lenguaje ampliamente utilizado para describir la estructura lógica de una gran variedad de documentos e introducir la filosofía del principio central del diseño lógico, donde el autor debe preocuparse del contenido lógico de su obra y no de su aspecto visual. Así, el atractivo de este sistema es que unas pocas declaraciones LaTeX de alto nivel, o comandos, permiten al usuario componer fácilmente una amplia gama de documentos sin tener que preocuparse por su aspecto tipográfico y dejar los detalles de la maquetación para que el diseñador del documento lo especifique en otro lugar.

Sin embargo, hay que cristalizar que LaTeX no es sólo una herramienta para componer matemáticas e informáticos, sino que tiene múltiples usos actuales, ya que sus aplicaciones abarcan prácticamente todo el espectro de las ciencias y humanidades, incluso por académicos que precisen escribir documentos con expresiones complejas. En la actualidad se considera que existen versiones de LaTeX para casi todo tipo de ordenadores y sistemas operativos modernos, proporcionando un sistema más potente, robusto y fácil de mantener, lo que permitirá seguir desarrollándose y ampliando sus áreas de influencia, ya sea en la edición tradicional o en los sistemas electrónicos para el comercio y la educación[19].

En 2015, se hizo necesaria una nueva reevaluación, donde el equipo del proyecto LaTeX cambió su política y reinició kernel, para un importante desarrollo del cambio de política, conservando lo mejor de ambos mundos, lo que permitió que un formato LaTeX actual retroceda a un punto anterior en el tiempo con el fin de procesar documentos que explícitamente evitaban errores y apoyar oficialmente el formato LaTeX, lo que supuso un gran paso adelante, cuando cambió su codificación de entrada predeterminada a UTF-8, y demostró que el cambio de política era lo correcto y que el trabajo preparatorio permite ejecutar incluso cambios importantes sin interrupción en su base de usuarios, para que siga siendo pertinente y útil.

Así, en 2020, aproximadamente 30 años después de su concepción, LaTeX3 se convirtió en una realidad para todos los usuarios, este paso permite al equipo modernizar otras partes de la capa base y desarrollar nuevas

---

19. «Ya en 1979, Gordon Bell escribiría que TEX era potencialmente la invención más significativa en composición tipográfica de este siglo, dado que este lenguaje estándar en tipografía por ordenador y en términos de importancia podría situarse cerca de la introducción de la imprenta de Gutenberg. En la década de 1990 florecieron proyectos experimentales que ampliaron TEX en varias direcciones y, a principios del siglo XXI, surgió un momento emocionante al estar involucrado en la tipografía automatizada. Desde su nacimiento TEX fue creado sobre el arte de programar ordenadores, que fue en gran parte influenciado y alimentado por la Sociedad Matemática Americana en nombre de los matemáticos estadounidenses, que por aquél entonces LaTeX se describía como "TEX para las masas" y su uso se extendió extremadamente popular en las comunidades científica y académica, así como ampliamente en la industria. La disponibilidad de LaTeX en todo el mundo aumentó rápidamente el interés internacional global por su estructura clara y su estilo sencillo. Su versión numerada 2-09, aparecida en 1985 cayó años después en la desintegración en dialectos incompatibles en los que los documentos escritos en un sitio no podían procesarse con éxito en otro sitio, debate que recordó que LaTeX no solo servía para producir documentos de alta calidad, sino también para permitir la colaboración e intercambios, proporcionando una lengua franca a diversas comunidades de investigación. Así, el anuncio en 1994 de la nueva norma LaTeX, bautizada como LaTEX2ε, explicaba su existencia, en una época de consolidación con importantes correcciones hasta que el sistema se estabilizó por completo. En 2004, una década después había llegado a nuevos ámbitos, por el paradigma de compatibilidad a largo plazo produciendo nuevos avances que ayudo mucho a su normalización en todo el mundo. En la actualidad LaTeX goza de buena salud y, de hecho, su base de usuarios está creciendo debido a sus muchas cualidades insuperables» (Véase BERNARDOS SANZ, J. U.; GONZÁLEZ ESTEBAN, A. L.; RAMOS VILLAVERDE, S. y RODRÍGUEZ SÁNCHEZ, A., «Innovación docente e identificación de ámbitos de mejora en la tutorización de los TFG», en AA.VV., *Elementos de innovación docente en ciencias sociales, jurídicas y otras disciplinas con contenido normativo*, Madrid, Dykinson, 2023, pp. 43-48).

funcionalidades de gran interés para la accesibilidad de documentos PDF etiquetados, en el sentido de que contengan información para ayudar al *software* de la lectura en pantalla y, más formalmente, que se adhieran al estándar PDF universal, que en muchas disciplinas, es un requisito para solicitar subvenciones o publicar resultados, por ejemplo, cada vez más importantes en el mundo digital.

En función de sus resultados, puede aseverarse que los usuarios definen LaTeX como una herramienta que puede ser útil tanto en el entorno docente como en el de la investigación y, asimismo, que su aprendizaje compensa a corto y largo plazo.

2. CONOCIMIENTO Y VENTAJAS DEL USO DE LATEX EN EL ENTORNO ACADÉMICO Y LA INVESTIGACIÓN

Normalmente, los nuevos estudiantes universitarios deciden aprender a utilizar la herramienta cuando comienzan a tener contacto con la investigación, donde es usada para responder a la realización de memorias de prácticas y en la elaboración del trabajo fin de grado o máster, mostrando una extraordinaria aceptación de cursos voluntarios por parte de los alumnos, ante la necesidad de que en LaTeX el texto deba estructurarse, permitiendo al usuario poder concentrarse únicamente en el contenido, lo que resulta de gran ayuda al estudiante para incrementar la calidad del producto final. Esta facultad de satisfacción del alumno se cumple valorando el poder contar con un sistema que les permita la elaboración de material didáctico de calidad superior y de forma más sencilla, que el presentado por cualquier otro compañero fuera de este *software*.

Al mismo tiempo, permite a los estudiantes tener un primer contacto con un código *per se*, como también, con el *software* libre, esto en ocasiones supone una pasarela para el aprendizaje de otros instrumentos y sistemas. El objetivo no es otro que presentar esta herramienta LaTeX a toda la comunidad docente y académica, para analizar la percepción que los propios usuarios tengan de la misma y, sobre los resultados obtenidos se considerará el grado de satisfacción que se obtiene sobre el uso de LaTeX recogidos por parte de sus propios alumnos que viene siendo muy alto.

En la misma línea, se expresa la forma escalonada de la expansión de LaTeX desde el entorno científico-técnico hacia los entornos académicos más diversos, como el número elevado de usuarios en el ámbito de las humanidades, las ciencias sociales y la enseñanza, no es en absoluto despreciable, incluso muy positiva en cuanto al número de usuarios. Las ventajas más destacables son las facilidades que la herramienta ofrece en la creación de textos finales elegantes, la calidad tipográfica y la manipulación de elementos bibliográficas, son sin duda, una ayuda especial para los estudiantes.

Sin embargo, sería deseable incorporar un estudio sobre la aceptación del sistema LaTeX en la educación preuniversitaria que su uso es limitado, por entender que es una etapa crucial en la formación de estudiante al desarrollarse en ella el aprendizaje cognitivo que derivará en la manera en que estructure, redacte y presente sus textos en el futuro, lo que les llevará a conocer los conceptos básicos de LaTeX que por sus características y posibilidades es usado de forma especialmente intensa en la creación y diseño de documentos y presentaciones con confianza. Explorar una nueva forma de escribir y componer artículos, libros, documentos, etc. se llevará a cabo utilizando un sistema de preparación de documentos llamado LaTeX.

El aprendizaje de LaTeX tiene ciertas ventajas, un beneficio importante de LaTeX es la separación del contenido del documento y su estilo, una vez que haya escrito el contenido de su documento, su apariencia se puede cambiar con facilidad. Del mismo modo, puede crear un archivo LaTeX que defina el diseño o estilo de un tipo de documento en particular y ese archivo se puede usar como plantilla para estandarizar la autoría y producción de documentos adicionales de ese tipo, por ejemplo, esto permite a los editores científicos crear plantillas de artículos, en LaTeX[20], que los autores utilizan para escribir artículos y enviarlos a revistas.

Es cierto, que hay varios argumentos a favor o en contra de aprender a usar LaTeX en lugar de otras aplicaciones de creación de documentos, pero, en última instancia, es una elección personal basada en preferencias, afinidades y requisitos de documentación, para su realización. Entre los argumentos a favor de usar LaTeX se insertan el apoyo a la composición tipográfica de matemáticas, tablas y contenidos técnicos extremadamente complejos para las ciencias físicas; la facilidad para notas a pie de página, referencias cruzadas y gestión de bibliografías; tener facilidad para producir elementos de documentos complicados o tediosos, como índices, glosarios, tabla de contenido, listas de figuras y por ser altamente personalizable

---

20.   *Cfr.* KAYAL, P.; ANAND, M. and DESAI, H., *et al.* «Tables to LaTeX: structure and content extraction from scientific tables», *IJDAR*, issue 26, 2023, p. 121. Retrieved from https://doi.org/10.1007/s10032-022-00420-9 [Accessed on 01/04/2024].

para la producción de documentos a medida, debido a su programabilidad intrínseca y extensibilidad a través de miles de paquetes gratuitos, dado que sus fuentes son completamente libres y accesibles para todo el mundo. Por otro lado, una desventaja es que puede haber una curva de aprendizaje muy elevada para los nuevos usuarios.

V. EL IMPULSO DE LA INNOVACIÓN EN LA DIGITALIZACIÓN DE IMPUESTOS

La vía de la transición digital también implica a la Administración Pública, que apuesta cada vez más por desarrollar mecanismos de intercambio y cruce de datos de los contribuyentes para mejorar los servicios puestos a su disposición y hacer más eficaz la lucha contra la evasión fiscal. Asimismo, a través de los Acuerdos de Intercambio de Información (AII) se establece un cauce de intercambio de información de carácter tributario entre las Administraciones fiscales de los Estados, que resulta imprescindible en el cumplimiento del objetivo de prevenir el fraude y la evasión fiscal[21]. La digitalización es un objetivo que la Unión Europea nos pide ante todo que persigamos.

Pues tanto, es evidente que, en el contexto del proceso de digitalización de las autoridades fiscales, las bases de datos y la capacidad de los mecanismos tecnológicos que las rigen juegan inevitablemente un papel protagónico para garantizar una interacción cada vez más eficiente y refinada

---

21.   «Actualmente están en vigor acuerdos de intercambio de información con Andorra, Aruba, Bahamas, Curaçao, San Martín y San Marino, así como el Acuerdo con los Estados Unidos de América para la mejora del cumplimiento fiscal internacional y la implementación de la *Foreign Account Tax Compliance Act – FATCA* (Ley de cumplimiento tributario de cuentas extranjeras). Están en distintas fases de tramitación acuerdos de intercambio de información con Bermudas, Guernsey, Islas Caimán, Islas Cook, Isla de Man, Jersey, Macao, Mónaco, San Vicente y Las Granadinas y Santa Lucía. Asimismo, y con carácter multilateral, está en vigor el Acuerdo Multilateral entre Autoridades Competentes sobre intercambio automático de información de cuentas financieras, hecho en Berlín el 29 de octubre de 2014. Esta participación debe tener presente, el creciente uso de los datos de los contribuyentes por parte de las autoridades fiscales optimizará los procesos para identificar a las personas con alto riesgo de fraude fiscal, que plantea preocupaciones de privacidad sobre la protección de la privacidad. Hay que encontrar un equilibrio entre la necesidad de proteger la privacidad de los contribuyentes y la necesidad de alcanzar objetivos institucionales, encaminados a obtener, a través de las nuevas tecnologías, el máximo rendimiento de la actividad tributaria» (MINISTERIO DE HACIENDA Y DE FUNCIÓN PÚBLICA, *Acuerdos de intercambio de formación*, 2023. Disponible en https://www.hacienda.gob.es/ca-ES/Normativa%20y%20doctrina/Normativa/AcuerdosII/Paginas/acuerdosii.aspx [Consulta: 01/04/2024]).

entre ellas; comunicando la enorme cantidad de información en poder de las distintas oficinas de las administraciones públicas repartidas por todo el territorio.

Actualmente, la innovación está impulsando la transformación de los departamentos de impuestos de la Agencia Tributaria, motivo por el cual se hace necesario tenerlo en cuenta en la forma de expresar y concebir la teoría de los impuestos a los estudiantes. La digitalización de los impuestos es un tema de gran magnitud que significa cosas diferentes para muchas personas. Pero desde cualquier ángulo, la digitalización ha estado cambiando todos los aspectos de la tributación durante un tiempo, desde la recaudación de impuestos y el cumplimiento hasta la base impositiva en sí. Hay áreas ricas para explorar en lo que respecta a la digitalización de los impuestos.

La innovación en los tributos se refiere a la aplicación de nuevas tecnologías y prácticas para mejorar la eficiencia y la precisión de la gestión fiscal y tributaria[22]. Esto incluye la automatización de procesos fiscales, el uso de análisis de datos para identificar áreas de riesgo fiscal y la implementación de soluciones tecnológicas para mejorar la presentación electrónica de informes fiscales.

La digitalización de la recaudación de impuestos que a veces usamos el término para denotar la digitalización de las administraciones tributarias, ya que invierten mucho en tecnología. Estas inversiones están mejorando enormemente su capacidad para recopilar más información tributaria y obtener más comunicación sobre las posiciones fiscales y financieras de los contribuyentes. A medida que las administraciones tributarias se transforman, los requisitos que imponen están alterando la forma de la digitalización para los contribuyentes, asesores y todos los involucrados en el funcionamiento de los sistemas tributarios.

También hablamos de la digitalización de las funciones fiscales en otras áreas, como son las empresas que están adoptando la tecnología tributaria, en parte para cumplir con los nuevos requisitos de informes electrónicos, pero lo más importante es aprovechar la automatización para que sus fun-

---

22. *Vid.* ULLOA SUÁREZ, C., «Determinants of compliance with fiscal rules: Misplaced efforts or hidden motivations?», *European Journal of Political Economy*, vol. 78, 102399, 2023. Retrieved from https://doi.org/10.1016/j.ejpoleco.2023.102399 [Accessed on 04/01/2024].

ciones fiscales se desarrollen de manera más precisa y eficiente, a la hora de detectar posibles fraudes.

La economía digital es un área clave de enfoque dentro del tema de la digitalización y ello, porque la digitalización hace que cada vez sea más posible que las empresas lleguen a mercados en jurisdicciones en las que pueden tener relativamente poca presencia física, lo que según las normas fiscales internacionales existentes que asignan derechos fiscales sobre las ganancias comerciales desde la base de la presencia física, esto puede significar que es posible que una empresa que es residente en un estado (Estado de residencia) genere ingresos significativos en otro Estado (Estado de origen) sin pagar una cantidad significativa de impuesto de sociedades en el Estado de origen. Si bien cada uno de estos aspectos de la digitalización sean distintos, todos ellos están conectados par impactar en el mundo de los profesionales de una manera profunda.

Ciertamente, la innovación y digitalización de los impuestos resulta un tema importante que está cambiando la forma en que las sociedades planifican su tributación, permitiéndoles cumplir con sus obligaciones fiscales y tributarias de manera más efectiva y eficiente y también, posibilita a las pequeñas y medianas empresas (PYMES) para competir con las grandes empresas al adoptar nuevas tecnologías y prácticas para mejorar su eficiencia y productividad, al mismo tiempo que ampliar sus procesos y servicios.

Es cierto, que la amplitud y la velocidad de los cambios provocados por la transformación digital son notables y plantean un gran número de retos que está cambiando la naturaleza de la elaboración de las políticas públicas, mediante la aparición de nuevos dispositivos digitales omnipresentes, la conectividad y la tecnología inteligente que están provocando cambios significativos que afectan profundamente a las relaciones y los mercados.

En materia fiscal, todo esto significa que el desarrollo y la aplicación de las políticas deben tener en cuenta la evolución del entorno y, asimismo, ser lo suficientemente claros para proporcionar la certidumbre y la claridad necesarias para garantizar la lógica que facilite un crecimiento económico sostenible a largo plazo. Estas implicaciones fiscales de la digitalización afectan a la administración tributaria tanto a nivel nacional como internacional, ofreciendo nuevas herramientas para superación de los nuevos retos. Por ello, las implicaciones de la digitalización han estado en el centro del reciente debate mundial sobre si las normas fiscales internacionales siguen siendo aptas o no para el fin perseguido en la nueva era.

Pues bien, es evidente que, en el proceso de digitalización de las autoridades tributarias, las bases de información de datos significan hacer más efectivos los procesos de control e identificación de sujetos que han cometido delitos fiscales. En efecto, en relación con este último aspecto, cabe pensar en el proyecto «un enfoque basado en datos para el análisis del riesgo de evasión fiscal en Italia»[23], que mejora los activos de datos de la Agencia Tributaria, a través de la introducción de técnicas innovadoras de análisis de redes de visualización de datos y aprendizaje automático, optimizará las técnicas para identificar a estos contribuyentes con alto riesgo de fraude fiscal. Sin embargo, no solo pasan oportunidades de recuperar los ingresos no declarados de los impuestos, sino que también, coexisten otros perfiles de riesgo que tienen que ver con la protección de datos personales.

De hecho, el creciente uso de datos por parte de las autoridades fiscales, de tener acceso generalizado a distintas informaciones sobre ahorros, cuentas bancarias, transacciones, plantea algunas preocupaciones sobre el mantenimiento de las medidas de seguridad de las bases de datos, para que no sean el blanco de los ataques de Ciberseguridad y, por otro lado, existe el riesgo de que la administración actúe en la esfera personal de los contribuyentes más de lo apropiado. No cabe duda de que un mejor uso de los datos hace que el sistema tributario sea más justo y eficiente, pero al mismo tiempo, el peligro está en que perdamos de vista la delgada línea que separa actuar para la eficiencia o actuar para la interferencia y, dado que el aumento de la digitalización puede conducir a violaciones del derecho a la privacidad, el uso de bases de datos integradas por parte de la Agencia Tributaria debe limitarse solo a la información de relevancia fiscal[24].

En estos últimos años, en todo el mundo, las administraciones tributarias han tenido que trabajar a distancia, lo que ha puesto de relieve la resiliencia y adaptabilidad de muchas de sus autoridades tributaras, para el cumplimiento de su desempeño y sus deberes continúan reinventándose,

---

23. BORIA, P., *L´evasione fiscale: ricerca su natura giuridica e dimensione cuantitativa*, Università La Sapienza, Roma, 2022, p. 143.

24. En particular, la Agencia Tributaria es propietaria de un gran activo de información derivado de numerosas bases de datos de gran tamaño, heterogéneas en estructura y contenido, y sujetas a un fuerte dinamismo (big data). La Agencia utiliza los activos de información para interceptar otros fenómenos evasivos y fraudulentos específicos, preparando las listas de puestos que deben verificarse a nivel local.

debido a que los métodos digitales están transformando el panorama del cumplimiento tributario, debiendo considerar los desafíos e innovación en el recorrido de la digitalización.

1. LA DIGITALIZACIÓN DE LA FISCALIDAD DESDE UNA PERSPECTIVA INTERNACIONAL

La digitalización está transformando el modo en que se declaran y pagan los impuestos, con importantes innovaciones e inversiones en todos los países, por ello, la digitalización de la fiscalidad ha sido uno de los temas centrales de los debates políticos, que se han centrado en las diferencias entre gravar las operaciones comerciales físicas y las virtuales. La Unión Europea ha estado trabajando sobre el impacto de la digitalización en los asuntos fiscales internacionales, especialmente en relación con los nuevos modelos empresariales y el proceso de creación de valor, el impacto de las acciones de erosión de la base imponible y traslado de beneficios (BEPS)[25], las medidas unilaterales y la evolución fiscal reciente en la UE.

Los estados miembros de la UE han optado por diferentes caminos hacia la digitalización, lo que ha derivado que la diversidad genere innovación. Alemania dispone de las fábricas inteligentes del futuro hoy en día, donde las máquinas, el *software* y los robots están conectados entre sí a través de conexiones a Internet y la inteligencia artificial. La última tecnología aplicada en Alemania es el piso digital, que está equipado con datos que puede suministrar y controlar los robots, eliminando la necesidad de baterías potentes y sistemas complejos. Finlandia ha liderado Europa respecto a las tecnologías digitales, siendo la salud digital la que se ha convertido en el mayor sector de exportación de alta tecnología, con el objetivo de hacer visibles los cambios en el material genético y prevenir enfermedades. Luxemburgo ha invertido una gran cantidad de dinero para actualizar su infraestructura digital y garantizar que el acceso a Internet de banda ancha esté disponible universalmente. En la República Checa la digitalización representa una proporción superior a la media del PIB en comparación con otros países europeos. Son los creadores de la impresora 3D más utilizada

---

25. Declaración de Resultados aprobada por 138 miembros del Marco Inclusivo de la OCDE y el G-20 sobre BEPS, al 11 de julio de 2023. Disponible en: https://www.oecd.org/tax/beps/declaracion-de-resultados-sobre-el-enfoque-de-dos-pilares-para-abordar-los-desafios-fiscales-derivados-de-la-digitalizacion-de-la-economia-julio-2023.pdf [Consulta: 01/04/2024].

del mundo, donde «Prusa Research»[26] es considerada la empresa tecnológica de más rápido crecimiento en Europa, con una producción de miles de impresoras 3D que envía a todo el mundo.

Desde la llegada de la tecnología y la informática moderna, los procesos de presentación de declaraciones fiscales, realización de documentos y el pago de impuestos no ha dejado de transformarse, a partir que Dinamarca en 1980 cumplimentara sus declaraciones, pasando por el aumento de formularios en PDF de la década de 1990, hasta llegar a la digitalización y la innovación del proceso tributario del 2000, así como la presentación en línea de 2010, los gobiernos de todo el mundo se han mantenido en una transformación constante, tratando continuamente de innovar y ampliar el uso de la tecnología.

La administración pública es la más compleja de las partes interesadas en la fiscalidad, pues no solo tendrá que atender su propia agenda sometida a los camios de la marea política, sino que debe atender también las necesidades de otros grupos de interés de contribuyentes. Muchos esfuerzos de digitalización requerirán que los contribuyentes deban presentar la información en un formato de satos prescrito, pero es probable que para satisfacer estas necesidades los contribuyentes que no tengan conocimientos técnicos deban recurrir a programas informáticos para convertir sus datos. Aunque la administración tributaria proporciona programas informáticos para ayudar en esta tarea, en otros muchos casos se necesitará *software* de terceros más adecuados.

Asimismo, los tipos de asesoramiento fiscal que se vienen ofreciendo también cambiarán, con una mayor demanda de asesoramiento sobre procesos de cumplimiento, así como de ayuda a los clientes con modelos de negocio que se adapten a los requisitos de las empresas y a una economía cada vez más digital. En efecto, los gobiernos pueden crear avisos automáticos que recuerden a los contribuyentes cuándo deben presentar o pagar sus declaraciones, para evitar un incumplimiento involuntario y las consiguientes sanciones.

Los impuestos también pueden utilizarse junto con otros canales de medición de estadísticas nacionales para recopilar información sobre los ciudadanos, las empresas y la economía del Estado, que puede utilizarse

---

26. HU, B., «Original prusa i3: the self-replicating 3d printer», *Sage Business Cases*, California, SAGE Publications, Ltd., 2023. Retrieved from https://doi.org/10.4135/9781529610796 [Accessed on 01/04/2024].

para ayudar a planificar el gasto y la política. Por tanto, la digitalización tiene un gran potencial para ayudar en este ámbito, al aumentar el volumen y la estructura de la información que recibe el Gobierno, al mismo tiempo que proporciona herramientas más potentes para analizar la información resultante.

En la actualidad, la digitalización sigue transformando la forma de declarar y pagar impuestos, ya se trate de gobiernos digitalmente avanzados que buscan ampliar el alcance y la automatización de sus sistemas fiscales y tributarios interconectados, como aquellos países menos desarrollados que buscan digitalizarse para que se produzcan importantes innovaciones e inversiones, para recaudar los ingresos adecuados de forma eficiente donde poder financiar los retos actuales y futuros, que puedan devenir, desde el cambio climático hasta la desigualdad.

La innovación de la automatización junto con el análisis de datos ofrece portales fiscales que también pueden funcionar como un servicio para los contribuyentes, recopilando toda la información sobre sus asuntos fiscales, prestaciones y otra información gubernamental en un solo lugar y, al mismo tiempo, la administración tributaria también puede automatizar la comunicación y los recordatorios a los ciudadanos a través de la misma interfaz. Con un análisis adecuado, las autoridades pueden utilizar la información de los contribuyentes para la economía nacional, más allá de la mera recaudación de impuestos.

Hoy en día, los ordenadores son más potentes y la cantidad de información obtenida es cada vez mayor, es la era de los grandes datos que permiten automatizar una mayor parte de la revisión fiscal, permitiendo comparar las distintas fuentes de información o comparando el IVA soportado y repercutido de distintos contribuyentes, a través de datos externos, como los derivados de fuente de datos abiertas, las redes sociales o los datos bancarios.

Los datos recopilados por las autoridades tributarias no son sólo partes individuales de cada contribuyente, sino una serie de partes de una imagen más amplia permitiría que con un análisis adecuado, la autoridad podría utilizar la información de los contribuyentes para detectar incumplimientos de terceros, como son los proveedores.

Nos detendremos en reflejar como los métodos digitales están transformando el panorama del cumplimiento de las obligaciones fiscales y tributarias, en algunos países (Japón, Kenia y Nueva Zelanda), que planifican[27] su transformación con otras formas en las que la frontera evolutiva de la tecnología está cambiando la fiscalidad. Hay casos que muestran ciertas cuestiones comunes a todos, pero en otros, las circunstancias y enfoques únicos de cada jurisdicción han configurado su desarrollo digital. Teniendo como premisa, que la innovación es la mejor forma de recopilar información fiscal y tributaria, así como la agilidad de los recibos de impuestos de una manera rápida y común.

El impulso para la mayor parte de la digitalización proviene de las autoridades fiscales nacionales y sus programas de cambio, a menudo ambiciosos, que pueden tener como objetivo acelerar el ciclo fiscal, cerrar lagunas fiscales mediante la reducción de errores e identificar mejor posibles evasiones fiscales. Algunos de los enfoques que los distintos países han adoptado para digitalizar sus procesos fiscales, pueden contribuir a mejorar la facilidad, rapidez y precisión de la declaración y el pago de impuestos[28].

Dentro de este ciclo, la característica más antigua y duradera de la digitalización es la de las precumplimentadas, que vienen dadas cuando la autoridad fiscal ya dispone de información sobre un contribuyente procedente de otras fuentes como empresas, bancos y otras administraciones públicas, puede rellenar previamente la declaración de la renta con los datos que ha recibido en lugar de pedir al contribuyente que vuelva a facilitarlos. Este proceso además de sencillo reduce los errores y simplifica el proceso

---

27. SÁNCHEZ LÓPEZ, M. E., «Colaboración e intercambio de información entre Administraciones tributarias en el ordenamiento interno», *Quincena Fiscal*, núm. 3, 2023. Disponible en https://www.thomsonreuters.es/es/productos-servicios/aranzadi-insignis.html [Consulta: 01/04/2024].

28. Se entiende por digitalización una representación completa de los procesos fiscales mediante métodos digitales. En el informe de la Organización para la Cooperación y el Desarrollo Económico (OCDE) de 2020, describe la administración fiscal 3.0, como la ola emergente de procesos fiscales y automatizados que están integrados en los mismos sistemas que los contribuyentes utilizan para llevar a cabo su actividad fiscal en primer lugar. Pero no todos los países pasan por estas fases, algunos que ya han iniciado la modernización más recientemente se saltan algunas etapas. La progresión no está ligada al tamaño de la economía en cuestión, existen muchos países pequeños y menos desarrollados que han podido adelantar a sus homólogos más grandes (OCDE, *Apoyo a la digitalización de las administraciones tributarias de los países en desarrollo*, OECD Publishing, París, 2023. Disponible en https://www.oecd.org/tax/forum-on-tax-administration/publications-and-products/apoyo-a-la-digitalizacion-de-las-administraciones-tributarias-de-los-paises-en-desarrollo.pdf [Consulta: 01/04/2024]).

de declaración, además de que puede beneficiar considerablemente a todos los participantes en el ecosistema fiscal, aunque se viene aplicando mucho más a los impuestos sobre la renta de las personas físicas que a los impuestos sobre sociedades. Sin embargo, este proceso requiere que las autoridades fiscales estén altamente organizadas y digitalizadas.

No obstante, aunque la digitalización tiene muchas ventajas, no siempre está exenta de dificultades y obstáculos como la exclusión digital. Algunos contribuyentes no pueden seguir el ritmo de los cambios en los requisitos debido a su incapacidad o falta de voluntad para utilizar métodos digitales, la desconfianza en la interacción en línea, ubicación remota lejos de internet, pobreza o discapacidad, que los llevan a no poder interactuar con la administración tributaria. Muchas autoridades tributarias han tratado de maximizar la adopción de la declaración digitalizada para hacerla más accesibles a los contribuyentes, mientras que otras lo han hecho obligatorio, lo que puede plantear una cuestión de equidad para algunos con discapacidades específicas ajenas a su voluntad.

Las autoridades tributarias deben considerar también las diferentes respuestas para los distintos grupos de excluidos digitales, porque algunas causas de exclusión, como la discapacidad, significan que nunca será práctico introducir a todos los contribuyentes en un único sistema. No existe una solución completa al problema de exclusión digital, pero sigue siendo una consideración clave para tenerlo en cuenta en cualquier programa de desarrollo digital.

Con la llegada de la pandemia de coronavirus, el cumplimiento de las obligaciones fiscales ha tenido que ser trasladadas a Internet a toda prisa, por otro lado, la experimentación forzada con el trabajo a distancia ha dado lugar a una explosión de videoconferencias y otras tecnologías que constituirán la base de la digitalización en el futuro, al no haber tenido más remedio que ofrecer alternativas remotas, las autoridades fiscales tendrán ahora la base de un futuro que reduzca la necesidad de reunirse con un inspector de Hacienda en persona, por ejemplo.

Toda esta influencia tecnológica en la tributación nos lleva a realizar una visión general de distintos países desde una perspectiva global de la digitalización fiscal:

a) *Estados Unidos.* Lo más destacado ha sido como los grupos de presión han conducido a un cambio relativamente rápido. El sistema fiscal nacional está gestionado principalmente por el Servicio de Impuestos Internos (IRS)[29], con algunos impuestos menores administrados y recaudados por otros organismos de los cincuenta estados y, diferencias en cuanto a su tributación en cada uno de ellos, lo que hace que el cumplimiento sea mucho más complejo para sus contribuyentes. También recauda impuestos sobre la renta mundial de sus ciudadanos, incluso a veces de los no residentes.

Todos los contribuyentes individuales deben presentar declaraciones anuales y, gracias al complejo sistema de deducciones y créditos, es normal que la mayoría de los contribuyentes deban un crédito al final del ejercicio fiscal, lo que ha dado lugar que una amplia gama de empresas declare a menudo por otras empresas paralelas, siendo habitual el fraude de identidad fiscal en torno a las devoluciones fiscales.

El IRS llevaba años intentando modernizar sus sistemas, pero la llegada de la pandemia y la necesidad de trabajar a distancia ha contribuido a acelerar en cierta medida estos planes, lo que ha llevado al IRS a reducir constantemente la lista de elementos que requieren fax y aumentar la administración por correo electrónico y telefónico. Según la Agencia Tributaria, más del 85% de las declaraciones se hacen en línea[30] y, solo algunas tareas administrativas requieren otras formas de interacción.

El presupuesto del IRS, depende del juego político habitual y, por tanto, es bajo en comparación con el volumen de impuestos que tiene que administrar, lo que dificulta los programas de modernización a largo plazo, porque los recursos cambian cada año en función de los cambios políticos. Ello hace que la autoridad esté limitada en cuanto a poder innovar por sí misma y producir su propio sistema de archivo digital. Esto impide que el IRS pueda proporcionar datos descargables, como formularios rellenados y otros. Asimismo, la fuerte presión de las empresas en la declaración de impuestos que se opone a estas mejoras y ciertos sentimientos antigubernamentales que también se oponen, lleva consigo retrasos y costes para los implicados. Además, la prevalencia de las estafas y robos de identidad centrados en los impuestos, así como posibles fraudes, ha hecho que el IRS se muestre cauteloso a la hora de identificar a los contribuyentes, frenando

---

29.   BARBER, R.; DANA, H. and MASSEL, N., «The concerns of linking IRS tax disclosures to financial statements on analysts' effective tax rate forecasts», *Advances in Accounting*, 100687, 2023. Retrieved from https://doi.org/10.1016/j.adiac.2023.100687 [Accessed on 01/04/2024].

30.   IRS, «Mobile Friendly Forms», 2023. Retrieved from https://www.irs.gov/forms-pubs/mobile-friendly-forms [Accessed on 01/04/2024].

aún más los intentos de aumentar el acercamiento a la administración por correo electrónico.

Sin un apoyo fiable y plurianual para la modernización y la capacidad de innovar con sus propias ofertas digitales, el IRS se encuentra en una posición muy difícil, por tanto, hasta que no se produzca un cambio en la financiación y gestión del IRS y se negocien nuevas relaciones con los proveedores de *software* de terceros, no será posible que esto cambie.

b) *Japón.* Ha tenido un punto de vista diferente sobre los registros digitalizados. El sistema fiscal japonés está administrado por la Agencia Tributaria Nacional (NTA), siendo las principales formas de imposición los impuestos sobre el consumo con un 34%, los impuestos sobre la renta de las personas físicas hacia un 30% y el impuesto de sociedades sobre el 19%. Cabe precisar que los impuestos solo representan alrededor del 63% de los ingresos públicos japoneses[31] y, el resto procede de diversos bonos del Estado.

La burocracia japonesa depende en gran medida de los documentos en papel. Este sistema basado en el papel ha dado lugar a la continua popularidad de los faxes y a la necesidad de que los altos ejecutivos dediquen mucho tiempo a la administración de papel. Esta apuesta por la administración en papel se extiende a la NTA, que hasta 2020 exigía a las empresas solicitar permiso para poder almacenar sus registros electrónicamente.

Pero la mayoría de las empresas no pudieron cumplir con estos requisitos estrictos de calidad y desde 2021, se sigue exigiendo un nivel muy alto para permitir el sistema electrónico. Esto contrasta con lo que ocurre en la mayoría de los países del mundo, donde las autoridades han estado presionando a las empresas para que adopten el registro electrónico en la medida de lo posible, ya que esto les proporciona ciertas ventajas fiscales, como la transferencia de pérdidas.

Cierto es, que Japón ha invertido en hacer que el sitio web de la NTA resulte sencillo y accesible, incluyendo opciones para lectores de pantalla y, también ha apoyado una versión optimizada para móviles. Esta iniciativa se ha combinado con una serie de programas divulgativos, como una

---

31. ARDIN, G., «Improving effectiveness and efficiency of tax objection process: lesson learned from Japan», *Indonesian Treasury Review: Jurnal Perbendaharaan, Keuangan Negara Dan Kebijakan Publik*, vol. 8, issue 1, 2023, pp. 1-15. Retrieved from https://doi.org/https://doi.org/10.33105/itrev.v8i1.520 [Accessed on 01/04/2024].

semana de sensibilización y un museo fiscales para ayudar a educar a los ciudadanos japoneses sobre la importancia del sistema fiscal, aunque, la mayoría de los empleados japoneses no necesitan presentar declaraciones fiscales individuales.

El gobierno también ha impulsado medidas para reducir la necesidad de registros en papel y aumentar la función de las firmas electrónicas. La singular burocracia japonesa, basada en el papel y en los sellos hanko, requieren mucho tiempo y, es difícil de cumplir para las empresas al exigir que muchas de ellas retengan importantes sumas de dinero en efectivo y, obliga a muchas de ellas a conservar una gran cantidad de documentos en papel.

Este sistema es especialmente difícil de entender y manejar para las multinacionales sin la ayuda de expertos japoneses, dadas las estrictas normas exigidas para cumplir los requisitos de mantenimiento de registros electrónicos y las sanciones por no cumplir las exigentes normas son muy significativas. La naturaleza jerárquica de la cultura japonesa también dificulta los cambios en el cumplimiento, ya sea porque el personal encargado de realizar los cambios a menudo sea incapaz de exigir eficazmente al personal superior.

El apego cultural de Japón al registro en papel ha frenado la eficacia de muchas innovaciones y eficiencias modernas, que han extendido también al sistema tributario. La NTA adoptó al principio un enfoque casi inverso al de otras jurisdicciones, limitando el registro electrónico a quienes reúnen los requisitos y solicitan el permiso, en lugar de facilitar y animar a todas las empresas a adoptar estas normas. Esto significa que la fiscalidad digital de Japón va por detrás de la que existe en muchos de sus homólogos económicos.

c) *Kenia.* Amplio cambio acelerado por la adopción del dinero móvil. En Kenia los impuestos son administrados por la Autoridad Tributaria de Kenia (KRA) y consiste en una mezcla típica de tipos de impuestos. En las últimas dos décadas, Kenia ha pasado de un sistema muy manual y basado en el papel, que requería una interacción frecuente con las oficinas fiscales físicas, a un sistema tributario cada vez más digitalizado. El proceso de digitalización comenzó lentamente, con la KRA [32] pidiendo a los inspectores

---

32. CHEPKORIR CHEPKONGA, L. and MANGE MEBIRITHI, D., «Effect of internal control system on the operational performance of organization: a case study of Kenia

fiscales que utilizaran sus propios dispositivos para realizar su trabajo más formalizado, con el lanzamiento de un portal llamado iTax en 2014.

Actualmente gran parte de la fiscalidad y, sobre todo, las auditorías se han convertido en electrónicas y centradas en los datos. Lo que ha conseguido, que además de aumentar la supervisión y el cumplimiento, se ha facilitado la tramitación a los contribuyentes, lo que ha favorecido que el volumen de papeleo necesario haya disminuido drásticamente.

El antiguo sistema era ineficaz y apenas se controlaba si habían presentado las declaraciones o no, por lo que la búsqueda se hacía principalmente por teléfono, lo que daba lugar a desconocer el cumplimiento, especialmente entre las empresas más pequeñas. Ahora, por lo general, los trabajadores por cuenta ajena no tienen que interactuar con el sistema, ya que están cubiertos por el régimen de pensiones (PAYE)[33], que su empleador declara correctamente sus impuestos, pero el portal permite a los trabajadores comprobar que su jefe declara correctamente sus impuestos de la declaración de la renta.

La digitalización también ha aumentado la confianza de las empresas en ámbitos como las importaciones, donde antes las normas sobre derechos eran confusas y se aplicaban con cierta arbitrariedad y, dos envíos idénticos podían ser gravados de forma diferente según el criterio del agente fronterizo.

La KRA también ha integrado M-Pesa en sus sistemas, aceptando pagos a través del servicio, que genera automáticamente comprobantes de pago. M-Pesa[34] y sus homólogos han impulsado una rápida formalización de la economía keniata, con empresarios y comerciantes por igual a los sistemas de procesamiento de pagos, así como al crédito a corto plazo. Esta mayor visibilidad del comercio ha ayudado a las autoridades a seguir y gravar estas actividades.

Revenue Authority (KRA) headquarter, Kenya», *International Academy Journal of Arts and Humanities*, vol. 1, issue 3, 2023, pp. 311-315. Retrieved from https://iajournals.org/articles/iajah_v1_i3_310_330.pdf [Accessed on 01/04/2024].

33. KARITHI NIJILU, M., «Tax Compliance among Small and Medium Manufacturing Enterprises in Kenya: Does Tax Morale Matter?», *Rowter Journal*, vol. 2, issue 1, 2023. Retrieved from https://doi.org/10.33258/rowter.v2i1.836 [Accessed on 01/04/2024].

34. MULILI, B.M., «Digital Financial Inclusion: M-Pesa in Kenya», in *Digital Business in Africa*, Palgrave Mcmillan, Cham, 2022, pp. 171-172. Retrieved from https://doi.org/10.1007/978-3-030-93499-6_8 [Accessed on 01/04/2024].

Por estos avances, Kenia se enorgullece de estar más avanzada digitalmente que muchos de sus pares africanos, y su Gobierno ha prestado una
atención alentadora a la modernización. El país ha aprendido de sus vecinos
y les ha servido de ejemplo y competencia en la región, lo que ha contribuido
a impulsar el desarrollo de la administración digital y ya existen planes para
exigir la facturación electrónica a partir de 2022.

Atrás queda el inicio relativamente tardío de la transformación digital
en Kenia que provocó dificultades en el sistema de cambio, donde se pla-
nificó poco el cierre del sistema de papel, provocando que los saldos ini-
ciales hayan sido una fuente constante de dificultades. Sin embargo, la KRA
sigue trabajando en el trabajo atrasado, a veces solicitando documentación
del período anterior a iTax de 2014, para que la Agencia Tributaria sea capaz
de resolver eficazmente los problemas con los contribuyentes. En los últimos años, los esfuerzos por aumentar la capacidad han atenuado estos problemas, pero la confianza en el sistema sigue recuperándose.

d) *Nueva Zelanda.* En este país su economía es muy desarrollado, pero
relativamente pequeña, debido a su aislamiento geográfico, no obstante, es
una de las más globalizadas y depende en gran medida del comercio internacional. En general, es uno de los países menos corruptos del mundo y
uno de los más avanzados en materia de progreso social.

La Agencia Tributaria (IRD) supervisa su nuevo sistema fiscal implan-
tado en 2021, aunque hay algunos impuestos que son recaudados por otros
organismos. La legislación fiscal es relativamente sencilla, y sus principales
fuentes de ingresos son el impuesto sobre la renta de las personas físicas y
el impuesto sobre bienes y servicios, y no existen impuestos sobre las plus-
valías o el suelo. La mayoría de sus habitantes no son muy conocedores de
los asuntos fiscales, porque no tienen que presentar declaraciones fiscales.
La política fiscal se basa en un modelo de base amplia y tipos bajos. Sin
embargo, los empresarios realizan sus declaraciones de pagos de impuestos
electrónicamente.

En la actualidad, la Agencia Tributaria no solo continua con su actividad
habitual a distancia, sino también con otros proyectos de transformación
digital a distancia. El nuevo sistema recopila ahora grandes cantidades de
datos para apoyar las actividades de cumplimiento del IRD y para ayudar
al gobierno a tomar decisiones políticas basadas en pruebas. El sistema fiscal
está diseñado para ser sencillo, su agilidad se debe en parte a la eficacia de

las plataformas digitales que ofrece el IRD[35], que facilita en la mayoría de los impuestos que puedan calcularse automáticamente a partir de relativamente poca información, como es el caso de las facturas electrónicas que fueron adoptadas en 2022.

El enfoque de las autoridades fiscales en la simplicidad y la agilidad le ha permitido construir un sistema de información fiscal capaz de manejar bien los cambios repentinos de dirección de política interna. El IRD ha sido capaz de crear no sólo un sistema para declarar y pagar impuestos, sino también de recopilación de datos económicos y efectuar los pagos necesarios.

e) *Reino Unido.* En Reino Unido, se ha configurado un proyecto de transformación de segunda oleada que ha tenido dificultades para mantener un plan de cambio. Reino Unido es miembro fundador del grupo Digital Nations, una red de los principales gobiernos digitales que se ha ampliado a diez. Como tal, el Gobierno británico se ha centrado en modernizar su administración y aumentar la eficiencia de sus servicios. La fiscalidad es típica de una economía desarrollada y está supervisada por Her Majesty's Revenue and Customs (HMRC). Dado que la mayoría de los ciudadanos no necesitan declaraciones de la renta anuales, ya que la información de las nóminas en tiempo real y las deducciones en función de los ingresos satisfacen las necesidades de la mayoría de los trabajadores por cuenta ajena. Los que tienen asuntos fiscales más complejos declaran anualmente. Las empresas suelen presentar declaraciones trimestrales o mensuales del IVA y anuales del Impuesto sobre sociedades.

El gobierno británico lleva muchos años ofreciendo la posibilidad de declarar todos los impuestos por Internet, siendo esta opción muy alta con más del 90% de los casos[36]. Sin embargo, desde 2015, el HMRC está llevando a cabo un programa de digitalización de segunda ola llamada Making Tax Digital (MTD), diseñado para aumentar la facilidad de pago de impuestos, haciendo una información automatizada y de alta calidad. Esto requiere

---

35. GRIFFITHS, S. and HARTSHORN, J., «Fragile and Strong: The Oxymoron of Tax Administration and Constitutionality in New Zeland», *Review of International and European Economic Law*, vol. 2, issue 3, 2023. Retrieved from https://www.rieel.com/index.php/rieel/article/view/48 [Accessed on 01/04/2024].

36. SADIQ, M., «Examination of confidence levels of taxpayers transitioning to making tax digital by industry sector in the UK», *Journal of Accounting in Taxation*, vol. 14, issue 3, pp. 282-284, 2022. Retrieved from https://academicjournals.org/journal/JAT/article-full-text-pdf/DB9CD5669700 [Accessed on 01/04/2024].

que los contribuyentes mantengan registros digitales y envíen información utilizando *software*, en lugar de cumplimentar las declaraciones de impuestos en línea. La HMRC pretende obtener mejor información en tiempo real sobre los asuntos fiscales, lo que permite utilizar la información que posee para rellenar previamente las declaraciones de la renta individuales, por ejemplo, con la nómina, declaración de la renta, con los datos de las nóminas que las empresas presentan actuales. Asimismo, ajustar las recaudaciones para reducir los pagos excesivos e insuficientes.

El Reino Unido se ha posicionado como uno de los regímenes fiscales más digitalizados del mundo, con un proyecto a largo plazo para revisar sus métodos de trabajo y un amplio aparato de recopilación de información en tiempo real. Esto apoya el análisis para orientar las auditorías fiscales y descubrir el fraude y los errores fiscales. En la actualidad, está tratando de construir una ambiciosa segunda oleada, que requerirá cambios sustanciales para muchos contribuyentes, pero se ha encontrado con una serie de retrasos y fracasos en la gestión del proyecto.

En otros países, como en Brasil se adoptó la facturación electrónica generalizada para combatir la evasión y, también Australia ha tenido una transformación exitosa a pesar de las relaciones con los agentes fiscales.

2. INNOVACIONES EN LA GESTIÓN DEL TALENTO QUE REMODELAN LA ADMINISTRACIÓN TRIBUTARIA

De acuerdo con el Código de Indiana, Carmel Clay Schools[37] define a un estudiante de alta capacidad como uno que se desempeña o muestra el potencial para desempeñarse a un nivel sobresaliente de logros académicos en matemáticas, artes del lenguaje o ambos, en comparación con otros estudiantes de la misma edad, experiencia o entorno y se caracteriza por dones, talentos, motivación o intereses excepcionales.

En la actualidad se prefiere el término altas capacidades intelectuales, pero no debemos confiar en encontrar una definición exacta de esta noción, que muestra a otros conceptos que pertenecen a su mismo universo como puede ser superdotado, precocidad, talento o altas habilidades, ya que es más amplio e incluye las denominaciones anteriores. Con ello se ha supe-

---

37.   MCMICHAEL, R.; PROSSER, E. and DELANEY, M., «Carmel Clay Schools: Bringing Lifestyle Medicine to the Classroom & the Community», *American Journal of Health Promotion*, issue 7, vol. 37, 2023. Retrieved from https://doi.org/ 10.1177/08901171231184527d [Accessed on 01/04/2024].

rado la consideración de ofrecer solo respuesta al alumnado que presenta sobredotación intelectual, para ampliarlo a todo el que reúna altas capacidades, proporcionando un método diferenciado y estrategias de instrucción especialmente diseñadas para ayudar a los estudiantes de alta capacidad a alcanzar su potencial individual.

El término alta capacidad se utiliza para indicar el alto potencial o rendimiento en todo el conjunto de habilidades humanas y del estudiante, que tiene una capacidad superior a la media. Para entender bien qué son las altas capacidades antes tenemos que definirlas correctamente, sin embargo, no es sencillo hacer distinciones en cuanto al tipo de alta capacidad que puede tener un alumno. Pasamos a comentar otras definiciones más aceptadas a nivel nacional e internacional de las altas capacidades.

La definición que ofrece la National Associationfor GiftedChildren (NAGC) sobre los alumnos más capaces es la más aceptada internacionalmente, al referir «personas de alta capacidad son aquéllas que demuestran un nivel de aptitud sobresaliente (definido como una capacidad excepcional para razonar y aprender) o competencia (desempeño documentado o rendimiento que los sitúe en el 10% superior, o por encima, respecto al grupo normativo) en uno o más dominios. Los dominios incluyen cualquier área de actividad estructurada con su propio sistema simbólico el Derecho, las Matemáticas, la Música, la Lengua […], o su propio conjunto de destrezas sensorio-motrices como la Pintura, la Danza, los Deportes [...]»[38].

En efecto, el concepto de alta capacidad se refiere a la posesión y uso de capacidades naturales sobresalientes sin entrenamiento y espontáneamente expresadas, también llamadas aptitudes o dones, en al menos un dominio de capacidad, en un grado que coloca al individuo, por lo menos, entre un diez por ciento superior de los estudiantes de su edad. El alumnado con altas capacidades constituye un grupo muy heterogéneo que se caracterizaría porque en test psicométricos de inteligencia general obtienen puntuaciones significativamente superiores a la media como poco en dos desviaciones típicas. En este grupo se suele incluir los términos superdotación, talento y precocidad.

---

38. WARNE, R. T., «Censorship in an Educational Society: A Case Study of the National Association for Gifted Children», in *Ideological and Political Bias in Psychology*, Cham, Springer, 2023, pp. 461-462. Retrieved from https://doi.org/10.1007/978-3-031-29148-7_17 [Accessed on 01/04/2024].

Para avanzar en la era digital, las autoridades fiscales deben examinar sus puntos fuertes actuales y debilidades para preguntarse, qué las está frenando del progreso y como están innovando en su enfoque de atraer y retener talento que garantice el derecho digital y analítico, a través de una mezcla de habilidades.

La administración tributaria del mañana será radicalmente diferente de la de hoy. Los datos se utilizarán de una manera altamente relevante, permitiendo la presentación sistemática y pago en un entorno libre de riesgos y errores, donde las operaciones serán tan fluidas que es posible que los contribuyentes ni siquiera necesiten estar en contacto con las administraciones tributarias más. Para llegar a los impuestos las autoridades deben ir más allá de los cambios incrementados utilizando las herramientas existentes y comenzar a revisar su enfoque a toda una serie de tareas operativas.

Muchas autoridades fiscales todavía tienen sofisticación en sus estrategias de talento, aportando menos rigor y disciplina al desempeño organizacional del mismo, ante el esfuerzo por imbuir talento y gestión con tecnología. Estas agencias complejas priorizan la organización de paneles que capturan los indicadores clave de rendimiento en torno al cumplimiento, el servicio y el procesamiento sobre medidas de salud organizacional tales como las inversiones en talento y el enfoque de la retención. Cabría preguntarse qué tan madura es la automatización de las autoridades fiscales y cuál es el ahorro de costes y productividad que se puede obtener ejecutando una fuerza de trabajo digital, junto a una fuerza humana, o si los esfuerzos de digitalización de la administración pueden satisfacer las expectativas de los contribuyentes.

En todo este espectro, las agencias tributarias[39] esperan a los recursos humanos para aprovechar nuevas capacidades y tecnología para atraer, retener y desarrollar constantemente el talento, así como aumentar la eficiencia de las operaciones enfocadas a la gestión del talento, con el objetivo de captar, inspirar y allegar a candidatos de alto potencial. Para superar estas probabilidades, las agencias tributarias deben crear una visión convincente para el cambio, construir un proceso que asegure la coordinación y la continuidad de progresar y mantener el impulso mediante la construc-

---

39. BELDA, I., «Convenio entre la Agencia Estatal de la Administración Tributaria y el Ministerio de Ciencia e Innovación para el control del esquema de planificación fiscal conocido como arrendamiento de la I+D», *Quincena Fiscal*, núm. 11, 2023. Disponible en https://www.thomsonreuters.es/es/productos-servicios/aranzadi-insignis.html [Consulta: 01/04/2024].

ción de capacidades organizativas, proporcionando un liderazgo influyente y una comunicación efectiva.

No obstante, sin embargo, el desarrollo de la alta capacidad o el talento es un proceso de toda la vida que puede evidenciarse en los estudiantes como un resultado excepcional en un test u otra medida de capacidad, o como una velocidad más alta de aprendizaje, comparados con otros estudiantes de su misma edad, también, como un rendimiento dado en un determinado dominio. Un rasgo muy peculiar como personas, es que maduran desde la infancia hasta que son mayores, pero será el rendimiento y los altos niveles de motivación en su dominio, los que se convierten en la principal característica de su alta capacidad, aunque son diversos los factores que potencian o inhiben el desarrollo y la expresión de las capacidades.

Capítulo Segundo

Estrategias de innovación y motivación para estudiantes de altas capacidades intelectuales universitarios

DE DERECHO FINANCIERO Y TRIBUTARIO. VI. RESULTA-
DOS DE LA APLICACIÓN PRÁCTICA DE LAS ESTRATEGIAS
DE INNOVACIÓN DOCENTE EN EL PROCESO DE ENSE-
ÑANZA-APRENDIZAJE DEL DERECHO FINANCIERO Y TRI-
BUTARIO.

I. IDENTIFICACIÓN DEL TALENTO DE ALTAS CAPACIDADES DE LOS JÓVENES Y SU RELEVANCIA EN EL APRENDIZAJE DEL SISTEMA TRIBUTARIO EN LA UNIVERSIDAD

1. OBJETIVOS

Debe considerarse que la persona de altas capacidades tiene una habilidad creativa que implica la capacidad de formular, verificar y generar nuevas ideas, evaluar alternativas, buscar soluciones que además, comprenden la fluidez en cuanto al número de respuestas, la flexibilidad entendida como la capacidad de cambiar la forma de pensamiento respecto a una tarea particular y, la originalidad referida a las respuestas de naturaleza nueva e innovadora, así como, la elaboración referente a todos los detalles adicionales. Estas habilidades, sirven de instrumento evaluador de la capacidad que tienen las personas para producir ideas diferentes, originales y alternativas como respuestas a problemas específicos, que, al hacerlo dan lugar a evaluar el potencial creativo, además de la dimensiones cualitativas y cuantitativas del pensamiento divergente. Es decir, la creatividad se caracteriza por valoraciones particulares como la fluidez, el razonamiento figurado, la resolución de problemas de pensamiento divergente y la flexibilidad.

Por tanto, puede observarse que las personas de altas capacidades son más proactivas en la búsqueda de nuevas soluciones, más orientadas a la creatividad en sus propios procesos con el objetivo de lograr un resultado diferente, nuevo y original. Esta idea está estrechamente relacionada con la afirmación de que los estudiantes más creativos tienden a ser los más inteligentes, aventureros, extrovertidos y seguros de sí mismos, con altos rendimientos académicos. En este sentido, cabe precisar que la creatividad es un tipo de proceso de aprendizaje en el que el docente y el estudiante están dentro de la misma actuación.

La concepción de algunos autores sobre la atención al talento insiste muy especialmente en la socialización de estos, por lo que se le confiere importancia a la uniformidad de los programas de estudio que respondan a intereses colectivos, pues en el desarrollo de los estudiantes de altas capacidades influyen el medio y la educación. Los programas de atención a los talentosos ofertan diferentes oportunidades educativas, cuyo objetivo principal es el desarrollo de cualidades intelectuales y las aptitudes.

Además, se proponen satisfacer las necesidades y los intereses de estos estudiantes a la hora de promocionar su realización personal con la pertinente implicación social que ello significa. La estimulación del talento en la universidad debe ser trabajada desde una perspectiva tributaria en el contexto de una educación talentosa que se enmarca en la concepción del proceso de enseñanza-aprendizaje desarrollador.

En consecuencia la enseñanza superior tiene que basarse necesariamente en una diferenciación de las tareas docentes con la finalidad de que cada alumno solucione su problema de aprendizaje a través de los retos que él mismo sea capaz de trazarse a partir del reconocimiento de sus propias posibilidades, pero la enseñanza debe brindarle la misma posibilidad y oportunidad a todos para que se crezcan, pues todos los estudiantes poseen sus propias características individuales y, sin tenerlas en cuenta no será posible una educación auténtica.

Los psicólogos contemporáneos han definido áreas para determinar las altas capacidades y han reconocido entre las inteligencias múltiples la lingüística, planteando que la lingüística es la capacidad involucrada en la lectura y la escritura, así como el escuchar y hablar, que comprende la sensibilidad para los sonidos y las palabras con sus matices de significado, como, asimismo, su ritmo y sus pausas. También se deben tener en cuenta las posibilidades que dentro del colectivo didáctica tienen los estudiantes con aptitudes para la producción de textos escrito sobre la base de la creación literaria e investigadora, en favor de la formación de una personalidad integral.

2. LA AYUDA FINANCIERA PARA ESTUDIANTES DE ALTAS CAPACIDADES Y BAJOS INGRESOS

El impacto de la ayuda financiera[1] para estudiantes de bajos ingresos duplica la inscripción postsecundaria inmediata, lo que hace que las universidades sean sustancialmente más diversas. Existe clara evidencia de

---

1. MOROCHO GARCÍA, A. V.; ERAZO ÁLVAREZ, J. C.; NARVÁEZ ZURITA, C. I. y CARVACHE FRANCO, S. M., «La educación financiera en estudiantes universitarios y su relación con el uso del crédito educativo», *Revista Conrado*, vol. 19, núm. 91, p. 179, 2023. Disponible en http://scielo.sld.cu/pdf/rc/v19n91/1990-8644-rc-19-91-179.pdf [Consulta: 11/02/2024].

que los estudiantes de entornos más desfavorecidos se encuentran menos representados en el acceso en todo el mundo, especialmente en universidades de élite. La diversidad en las universidades se refiere a la inclusión de estudiantes de diferentes culturas, orígenes y habilidades, por lo que esta diversidad en el campus puede mejorar la calidad de la educación para todos, dado que la educación superior puede desempeñar un papel fundamental en mejorar la movilidad social.

Si bien los países con más altos ingresos pueden ofrecer una amplia ayuda financiera y programas de becas y préstamos educativos a estudiantes de alto rendimiento y de bajos ingresos, estas políticas de ayudas son más significativas en los países en desarrollo. Es por ello, que las restricciones crediticias vinculantes para estudiantes de bajos ingresos[2] y las instituciones privadas de educación superior, son relativamente costosas, lo que dan como resultado un declive de matrícula acentuado por el nivel socioeconómico. Es precisamente en estos entornos donde la ayuda financiera para estudiantes de alta y baja capacidad obtienen su mayor potencial de inscripción.

Es evidente, que la ayuda financiera del estado permite a los estudiantes de bajos ingresos y alto rendimiento acceder a universidades de educación superior costosas históricamente y reservadas para aquellos que podían sufragarlas. Por ello, a medida que los estudiantes de bajos ingresos y alto rendimiento se clasificaban en instituciones privadas de élite, la calidad de los estudiantes y la diversidad socioeconómica aumentaron significativamente. Por tanto, al relajar sus restricciones crediticias, la ayuda financiera permitió el éxodo de beneficiaros de ayuda de altas capacidades, presionando a estas universidades para que fueran más eficientes y obtuvieran una acreditación de alta calidad para atraer a personas de alto rendimiento.

Estos hallazgos deben ayudar a informar a los responsables políticos de todos los países que buscan abordar la desigualdad socioeconómica y primer la igualdad de oportunidades al nivelar el acceso a universidades de alta calidad, que, a largo plazo, es probable que tenga impactos importantes en la educación y en los mercados laborales. Sin embargo, aún queda un amplio camino por recorrer en materia de inclusión, pues, aunque se han producido avances a lo largo de los últimos años, las universidades en España tienen

---

2. *Cfr.* USMAN, M. and AB RAHMAN, A., «Funding higher education through waqf: a lesson from Malaysia», International Journal of Ethics and Systems, vol. 39, issue 1, 2023, pp. 107-125. Retrieved from https://doi.org/10.1108/IJOES-12-2021-0217 [Accessed on 01/04/2024].

algunas tareas pendientes para poder llegar a garantizar la inclusión total en la educación superior, porque aquellas personas que tienen bajos ingresos tienen menos posibilidades de completar una educación superior.

Asimismo, la mera existencia de estos servicios específicos socioeconómicos que resultan imprescindibles para la atención a la diversidad supone un claro síntoma del avance y preocupación por las universidades al respeto, no obstante, ello no significa que se atienda la diversidad de un modo inclusivo, sino que se siga trabajando de manera coordinada por todos.

Por otro lado, resaltar la importancia de reconocer el concepto de diversidad vinculado a la desigualdad dado que el principal destinatario de las políticas de diversidad es la comunidad estudiantil, por lo que crear una cultura inclusiva acorde con las necesidades estudiantiles es el principal reto al que se enfrentan las universidades a través del diálogo con todas las partes implicadas del plan.

Un informe de la Universidad de Harvard resalta la larga tradición de proporcionar acceso a una educación universitaria que comenzó con algunos fondos propios de becas que se establecieron en 1643[3]. En la actualidad, los exalumnos y otros donantes continúan la tradición aportando generosas contribuciones a la dotación y fondos del uso actual que permiten mantener el programa de ayuda financiera basado en la necesidad del estudiante. Sus principios rectores se basan en que la falta de recursos financieros o la necesidad de ayuda financiera no deben ser impedimentos para la admisión de cualquier estudiante, su ayuda se apoya totalmente en la necesidad y la elegibilidad determinada de la misma manera para todos los estudiantes admitidos, independientemente de su nacionalidad, ciudadanía o capacidades.

Además, entre sus prioridades está satisfacer la necesidad financiera durante los cuatro años de educación y, para ello, se toma en consideración las circunstancias individuales, la efectividad del programa de ayuda, la demanda de todos los estudiantes y los recursos universitarios. Todos los estudiantes extranjeros tienen el mismo acceso a los fondos de ayuda financiera que los ciudadanos estadounidenses y, si el estudiante está recibiendo apoyo de la beca Harvard y a su vez, está estudiando en el extranjero, puede aplicar su ayuda financiera para sus costos de estos estudios.

---

3.   TAEYEON, K., «The Human Side of Accountability: Dilemmas of Reaching All Learners», *Harvard Educational Review*, volume 93, issue 3, 2023. Retrieved from https://doi.org/10.17763/1943-5045-93.3.313 [Accessed on 01/04/2024].

Sin embargo, la calidad educativa de una institución de educación superior está estrechamente relacionada con la capacidad de sus estudiantes y, como resultado, todas las universidades están motivadas para admitir estudiantes de altas capacidades, independientemente de sus ingresos, con el fin de mejorar la calidad de la educación que ofrecen. A medida que crece la desigualdad de ingresos, las instituciones deben ofrecer descuentos más pronunciados para estudiantes de alta capacidad y bajos ingresos.

Esta estrategia del descuento de matrícula es ampliamente utilizada por las instituciones privadas, permitiendo establecer precios más altos de matrícula para sus estudiantes más ricos y así poder subsidiar los precios para los estudiantes más pobres de bajos ingresos. Los altos precios de matrícula y los grandes descuentos para estudiantes talentosos de bajos ingresos han ayudado a algunas universidades a diversificar sus cuerpos estudiantiles.

En fin, el aumento de la desigualdad de ingresos también aumenta la riqueza de los estudiantes de altos ingresos, incentivando a las universidades a cobrarles más dinero de matrícula. Hacerlo permite a las instituciones compensar las mayores becas de matrícula pagadas a estudiantes de altas capacidades y bajos ingresos. Por tanto, una mayor desigualdad de ingresos deprimirá las tasas de inscripción, pero encontramos que el crecimiento en el ingreso promedio y los subsidios universitarios más generosos, son fuerzas compensatorias que empujan a más estudiantes a la universidad.

Sin embargo, las opciones universitarias de estos estudiantes pueden limitarse a lo que pueden pagar en lugar de la mejor opción, repercutiendo directamente para los estudiantes de alto rendimiento y bajos ingresos, esto puede significar sacrificar la selectividad de la universidad. Ello, porque la educación superior siempre ha sido una forma clave para que los estudiantes con menos recursos encuentren oportunidades para transformar sus circunstancias económicas. En una época de creciente desigualdad social, la mejora de la calidad y el acceso a la educación superior tienen el potencial de aumentar la igualdad de oportunidades para todos los estudiantes. Un título universitario puede ser el paso para salir de la pobreza y la capacidad para tener éxito.

3. CAPACIDADES Y HABILIDADES ESENCIALES DEL ESTUDIANTE PARA INNOVAR EN LA VIDA UNIVERSITARIA

Entrar en la universidad coloca al estudiante en una gran cantidad de situaciones nuevas y, con ellas viene una carga de habilidades académicas y sociales que necesitarás adquirir en su preparación. Introduciremos las habilidades que ayudarán a un estudiante a ser más eficiente e impresionante, permitiéndole sobresalir en el lado académico de la vida universitaria con grandes capacidades.

Empecemos por un aprendizaje independiente, donde el estudiante puede motivarse a trabajar por su cuenta, en escritorios separados y, por tanto, estudiando de forma independiente. La capacidad de estudiar de forma independiente, sin tanta orientación del personal docente, es esencial en la universidad, por lo que tendrá que ser capaz de estructurar su tiempo de manera efectiva, averiguar las cosas por sí mismo sin que se le diga que lo haga, y aprender a aprovechar al máximo los recursos[4] que se le han dado en su lista de lectura. Asimismo, aprender cómo aumentar su propia productividad, para que no termine sentado en la biblioteca con tanto que hacer que no sepa por dónde empezar. No hay nada peor que esa sensación de sentirse abrumado cuando se avecina una fecha límite, así que debe evitar meterse en esta situación preparándose para ensayos con mucho tiempo de antelación. Con esta habilidad, el aprendizaje le llevará a tener grandes capacidades.

En cuanto a la investigación, resulta ser una de las habilidades académicas más importantes para la grandeza del estudiante, es decir, después de todo, es la base sobre la que se basa toda la academia. Puede que no suene como una habilidad, pero de hecho hay un arte que tendrá que dominar, eso incluye cosas como dónde y cómo encontrar la información que necesita, detectar información importante en notas al pie y seguirla, e incluso acostumbrarse al estilo muy formal de la escritura académica. Como parte de su curso, probablemente tendrá que realizar una investigación más grande para realizar sus prácticas, una disertación, por lo que sus habilidades de investigación lo mantendrán en una buena posición para esto, así como para sus ensayos normales y su posible desarrollo intelectual.

Las habilidades conversacionales pueden llevar al estudiante a ser líder en su campo. El estudiante encontrará mucha gente nueva en la universidad de todos los ámbitos de la vida en una variedad de situaciones sociales que, además, dedicará mucho tiempo a pasarlo con ellos en un entorno acadé-

---

4.   ALONSO BETANCOURT, A., CORRAL JONIAUX, J. A. y PARENTE PÉREZ, E., «Método de Aula invertida para la formación de metacompetencias profesionales en estudiantes universitarios basada en el aprendizaje combinado (bLearning)», *Luz*, vol. 22, núm. 3, 2023, p. 108. Disponible en http://scielo.sld.cu/pdf/luz/v22n3/1814-151X-luz-22-03-108.pdf [Consulta: 01/04/2024].

mico, motivo por el que tendrá que ir al campus armado con excelentes habilidades de conversación. Es casi seguro que el estudiante tendrá que presentarse en algún momento, así que debe practicar de antemano para pensar en un hecho interesante del que pueda hablar con los demás. Además, tendrá que hablar con académicos relevantes, por lo que si tienes habilidades de lenguaje no tendrás miedo en hacerlo, lo que le dará confianza para estar probablemente a su altura.

En referencia a las habilidades de presentación, cuanto más practique estas habilidades de presentación, menos le perturbará hablar en público en el futuro, como es el caso del docente. A la mayoría le resulta incómodo dar presentaciones, pero es casi seguro que tendrá que dar alguna en algún momento, si no regularmente, por lo que hay mucho que puede hacer el estudiante para prepararse y aprender cómo crear una presentación impresionante en el *software* «PowerPoint»[5], por ejemplo, para que pueda sorprender a su audiencia y aumentar su confianza.

La habilidad de automotivación es un objetivo final que si lo tiene a la vista en todo momento le recordará al estudiante para qué está trabajando. La capacidad de motivarse es una habilidad que puede desarrollar y, que será muy útil cuando se enfrente a la elección de qué hacer con su tiempo. Por tanto, es importante poder motivarse para hacer un buen uso de su tiempo, dado que los estudiantes que disfrutan del mayor éxito en la universidad son aquellos con un alto nivel de automotivación. Al principio, puede motivarse con la promesa de pequeños logros o descansos a intervalos regulares, para recompensarse por su arduo trabajo.

Otro punto de automotivación importante es saber gestionar bien el tiempo, estas habilidades efectivas de gestión del tiempo serán esenciales en la universidad si deseas no llegar tarde y quieres encajar en todas tus actividades sociales junto con el programa de estudio ocupado. Mantener un calendario con todas las tareas y plazos, para marcarlos a medida que complete cada uno y, podrá dividir mejor las tareas más grandes en otras más pequeñas que le hagan ser más manejables. Esta etapa de la vida es una curva de aprendizaje y habilidades que lo ayudarán a tener éxito en la universidad. Con ello aprenderá a innovar sin darse cuenta.

---

5.   SÁNCHEZ SÁNCHEZ, E. M., «La importancia de la dialéctica y la retórica como elementos indispensables en el aprendizaje discurso jurídico-fiscal en la universidad», en AA.VV., *Reflexiones actuales en torno a la dialéctica, la retórica y otros métodos en la formación del jurista*, Navarra, Aranzadi, 2022, pp. 341-342.

Muy significativo es el desarrollo de habilidades transferibles del estudiante universitario que incluye habilidades como ser capaz de planificar, anticipar y resolver problemas, manejar la presión y la adversidad, y demostrar creatividad o liderazgo. Puede ser académicamente dotado, pero también deberá demostrar y discutir estas habilidades transferibles durante el reclutamiento para demostrar que agregará valor real a una organización.

Por último, el trabajo en equipo es la capacidad de trabajar bien con otros y representa una habilidad vital buscada por los empresarios, ya que la mayoría de los trabajos son colaborativos y no se realizan de forma aislada. Para tener éxito en un equipo necesariamente hay que comunicarse bien, mantener los compromisos y negociar para resolver diferencias, sin objetivos personales para lograr las metas colectivas. En estas habilidades de escucha a menudo son cruciales para el logro de un trabajo en equipo y colaborativo exitoso, al igual que la capacidad de anclar si hubiese confusión. Por tanto, las habilidades transferibles pueden ayudar al estudiante a comprender la importancia que aportan para el mundo laboral en general.

4. SISTEMAS INNOVADORES DE APRENDIZAJE COLABORATIVO

El aprendizaje cooperativo se ha propuesto como una posible solución para una amplia gama de problemas educativos, al considerarlo como una manera de preparar a los estudiantes para una fuerza de trabajo cada vez más colaborativa. Las formas de su aplicación son diferentes, pero todas implican que los estudiantes trabajen en equipos o grupos para ayudarse unos a otros a aprender el material académico y, darles la oportunidad de abrir debate sobre la información o de practicar el desarrollo de las capacidades de los estudiantes que sean requeridas para encontrar o descubrir la información por ellos mismos.

Todos los métodos de aprendizaje cooperativo comparten la idea de que los estudiantes trabajan juntos y son responsable del aprendizaje de los demás y, también del suyo, para alcanzar el éxito, pues lo importante no es lo que se hace juntos, sino aprender algo en equipo. Ello se basa en tres conceptos, la responsabilidad individual donde el éxito depende de todos los miembros del equipo, las recompensas al equipo porque si se recompensa a los estudiantes por haber mejorado su trabajo, se sentirán más motivados a alcanzar sus objetivos, creando las oportunidades para el éxito. En este caso, el docente explica un tema y los estudiantes realizan su trabajo dentro de sus equipos para asegurarse de que todos los miembros del equipo lo dominan por igual, por lo que reciben los certificados y otros reconocimientos según la puntuación media de todos los miembros del equipo, considerando este reconocimiento con efecto positivo del aprendizaje cooperativo.

Los métodos de aprendizaje cooperativo[6] son alternativas a la instrucción tradicional más evaluadas actualmente, pues uno de los aspectos más destacados es el afectivo, al sentirse los estudiantes más competentes al tener más amigos de distintos grupos étnicos suelen aceptar más a quienes son diferentes de sí mismos.

En pleno siglo XXI el aprendizaje cooperativo debe crear un entorno donde los estudiantes participen activamente en tareas de aprendizaje unos con otros, ofreciendo aprendizajes sociales y participativos que ayuden a los estudiantes a dominar las capacidades y conocimientos tradicionales y así, desarrollar las capacidades creativas e interactivas que son necesarias en las sociedades actuales. Esta alternativa práctica del aprendizaje cooperativo hacia la enseñanza tradicional está relacionada particularmente junto al desarrollo de la tecnología.

Es evidente, que el aprendizaje cooperativo puede ser una estrategia de gran alcance para incrementar los logros del estudiante, sin embargo, satisfacer este potencial dependerá de facilitar un desarrollo profesional que se centre en enfoques que muy probablemente suponga una diferencial, en comparación con las prácticas de enseñanza que son apoyadas por los gobiernos como es el uso de la tecnología.

5. LAS TÉCNICAS Y METODOLOGÍAS DE APRENDIZAJE BASADO EN RETOS, REFERIDA AL APRENDIZAJE ACTIVO

El aprendizaje basado en retos es una estrategia pedagógica para fortalecer las competencias digitales a partir del uso del m-learning, que, en el caso de estudiantes universitarios de Derecho Financiero y Tributario[7], el objetivo es determinar el impacto experimental cuantitativo en capacidades y determinar el fortalecimiento de las competencias digitales, que contri-

---

6.   MICALETTO BELDA, J. P. y MARTÍN HERRERA, I., «Aprendizaje colaborativo en la Universidad: un análisis de una experiencia con una comunidad virtual en LinkedIn», *EDMETIC*, vol. 12, núm. 1, 2023, pp. 1-20.

7.   CÁRDENA ORTIZ, R. M., «La implementación de las nuevas tecnologías y una metodología variada para hacer más dinámico y atractivo el proceso de enseñanza-aprendizaje del Derecho Financiero y Tributario», en AA.VV., *Desafíos actuales de la innovación docente en ciencias jurídicas y sociales*, Dykinson, Madrid, 2022, p. 19.

buye en la adquisición de conocimientos gracias al fácil acceso que tienen los estudiantes a este tipo de dispositivos electrónicos móviles como Smartphone, Tablet, videos, etc., haciendo buen uso de las Tecnologías de la información y la comunicación (TIC), al compartir información y contenidos que hace un aprendizaje significativo ya que pueden aplicarlo en la solución de problemas de su entorno.

Esta herramienta didáctica busca avivar la motivación de los estudiantes para que se involucren activamente en una situación de problemática real, relevante, de vinculación con el entorno y especialmente, en la motivación intrínseca para que pasen de ser solo receptores de información a ser creadores responsables de contenidos, lo cual implica la definición de un desafío y la implementación de una correcta solución.

Actualmente, los grandes problemas globales como el cambio climático que es el gran reto del futuro que la sociedad debe abordar críticamente para mejorar la humanidad durante el presente siglo, pero además existen otros desafíos importantes como la pobreza y la desigualdad que exigen soluciones concretas, al ser percibidas como un problema internacional. La idea de grandes retos son cuestiones externas que deben afrontarse con carácter transnacional al ser muy influyentes en la definición de las direcciones y el alcance de las agendas nacionales de innovación e investigación y también de la Unión Europea.

De ahí, la importancia para la educación que ofrece el aprendizaje basado en retos a los estudiantes, al ofrecerles la oportunidad de participar en forma activa en experiencias abiertas y aplicar lo que aprendan a situaciones reales, esto los llevaría a enfrentarse a problemas descubiertos por ellos mismos, para experimentar soluciones e interactuar con otros estudiantes dentro de un determinado contexto.

Asimismo, como docentes en constante formación y en ejercicio, debemos hacer buen uso de las herramientas multimedia y de programas o aplicaciones que ofrecen las TIC, innovando con los temas que queremos mostrar para que sean más sencillos de comprender en el entorno de nuestros estudiantes de educación superior, vinculando nuevos recursos tecnológicos como el m-learning en nuestras clases que les permitan no solo leer o aprender de la red, sino también crear y compartir su propio conocimiento con otros de forma ética y responsable.

En consecuencia, cada vez más, los programas de educación superior se centran en el alumno y son flexibles para enfrentar los cambios sociales. El aprendizaje basado en desafíos es un concepto educativo que da forma a estos programas abiertos y flexibles. La metodología de Aprendizaje Basado en Retos (ABR), denominada en inglés Challenge-Based Learning (CBL)[8], tiene sus raíces en el aprendizaje experiencial, el cual tiene un enfoque multidisciplinario atractivo para la enseñanza y el aprendizaje que alienta a los estudiantes a aprovechar la tecnología que utilizan en su vida diaria para resolver problemas del mundo real. El aprendizaje basado en retos es colaborativo y práctico, y pide a los estudiantes que trabajen con compañeros, maestros y expertos en sus comunidades y en todo el mundo para hacer buenas preguntas, desarrollar un conocimiento más profundo del área temática, aceptar y resolver desafíos, tomar medidas y compartir su experiencia.

Esta noción ofrece un marco de aprendizaje centrado en el estudiante, que emula las experiencias de un lugar de trabajo moderno, lo que ha inspirado muchos desarrollos educativos novedosos para describirse a sí mismos como experiencias de aprendizaje basadas en retos que tiene lugar a través de la identificación, el análisis y el diseño de una solución a un problema sociotécnico. Esta experiencia de aprendizaje suele ser multidisciplinaria, involucra diferentes perspectivas de las partes interesadas y tiene como objetivo encontrar una solución desarrollada en colaboración, que también sea ambiental, social y económicamente sostenible.

Existen muchos beneficios potenciales asociados con las experiencias de aprendizaje basado en retos o desafíos y que abordan varias de las características clave de los futuros programas universitarios a nivel mundial reconocidos, como por ejemplo, adoptar un aprendizaje auténtico y activo, ofrecer opciones en la resolución de problemas y prácticas de aprendizaje, permitiendo la capacitación en trabajo en equipo multidisciplinario y toma de decisiones, así como aprovechar el deseo de muchos estudiantes de un sentido de significado en su educación. Puede argumentarse, que las experiencias de CBL amplían el alcance y la profundidad al presentar ciertas características

8.   COLOMBELLI, A.; LOCCISANO, S.; PANELLI, A.; PENNISI, O.A.M. and SERRAINO, F., «Entrepreneurship Education: The Effects of Challenge-Based Learning on the Entrepreneurial Mindset of University Students», *Administrative Sciences*, vol. 12, issue 1, 2022. Retrieved from https://doi.org/10.3390/admsci12010010 [Accessed on 01/04/2024].

adicionales que buscan fomentar la capacidad de trabajo en equipo y la conciencia personal, tomando en consideración los valores y la ética.

Además, desde una perspectiva educativa, es importante que tales valores agregados y múltiples objetivos de las experiencias CBL[9] no ocurran a expensas del aprendizaje de los estudiantes, lo que podría resultar que los estudiantes no cumplan con los requisitos de aprendizaje para su educación. Algunos obstáculos potenciales para que los estudiantes cumplan con los resultados de aprendizaje requeridos podrían ser que las preguntas de investigación realizadas por los estudiantes que participan en experiencias CBL podrían no alcanzar la profundidad técnica requerida y que se destine mucho tiempo a las interacciones con los actores de la sociedad.

En consecuencia, estos entornos de aprendizaje tienen en común que están diseñados como áreas donde la universidad, las empresas y el sector público colaboran en torno a estos temas comunes. Su objetivo no solo es formar el aprendizaje de los estudiantes, sino también promover la colaboración entre socios y crear soluciones sociales y técnicas para desafíos estratégicos difíciles. Sin embargo, los estudiantes desempeñan un papel clave en estos contornos, no solo en la resolución de problemas, sino también en la conducción de un diálogo colaborativo y de múltiples perspectivas para definir el problema a resolver.

En este contexto de educación para la sostenibilidad, con mucho enfoque dedicado específicamente a la educación tributaria, da lugar a una amplia gama de prácticas pedagógicas implementadas para la sostenibilidad de la educación financiera y tributaria, centrándose en el estudiante y basados en la investigación interactiva. De acuerdo con los principios de aprendizaje de la educación superior, se espera que los estudiantes graduados en Derecho financiero y tributario demuestren conocimiento de las posibilidades y limitaciones de la tecnología, su papel en la sociedad y la responsabilidad de las personas sobre cómo se utilizan los tributos, incluidos los aspectos sociales y económicos, así como los aspectos medioambientales.

Por tanto, el aprendizaje basado en desafíos es una metodología pedagógica que involucra activamente al estudiante en una situación

---

9. VAN DEN BEEMT, A.; VAN DE WATERING, G. and BOTS, M., «Conceptualising variety in challenge-based learning in higher education: the CBL-compass», *European Journal of Engineering Education*, vol. 48, issue 1, 2023. Retrieved from https://doi.org/10.1080/03043797.2022.2078181 [Accessed on 01/04/2024].

problemática real, relevante y de vinculación con el entorno, que deben resolver mediante la aplicación de sus conocimientos, habilidades y actitudes. El objetivo es que los estudiantes desarrollen competencias como el pensamiento crítico, la creatividad, la comunicación y la colaboración, así como que se involucren con su entorno y con las necesidades sociales, lo que implica la definición de un desafío y la culminación de una solución.

El aprendizaje basado en desafíos se puede aplicar en diferentes áreas de estudio, incluyendo la universidad tributaria. Dentro de la docencia en educación superior algunos ejemplos de desafíos que se podrían plantear en este ámbito tributario sería, diseñar una propuesta de reforma fiscal que sea justa, eficiente y sostenible; analizar el impacto económico y social de una medida tributaria concreta, como por ejemplo, la introducción de un impuesto al carbono o la eliminación de una exención fiscal; comparar los sistemas tributarios de diferentes países o regiones, identificando sus ventajas e inconvenientes, así como las posibles áreas de mejora o armonización o, asesorar a una empresa o a un contribuyente sobre cómo optimizar su carga tributaria, cumpliendo con la normativa vigente y respetando los principios éticos[10].

La aplicación del aprendizaje basado en retos ha aumentado en las instituciones de educación superior, resultando ser una enseñanza com-

---

10. «Para realizar el aprendizaje basado en desafíos, sería necesario seguir una serie de pasos, como, por ejemplo:
    – Definir el desafío, estableciendo su contexto, sus objetivos y sus criterios de evaluación.
    – Investigar el desafío, buscando información relevante y fiable sobre el tema, así como las posibles soluciones existentes o alternativas.
    – Idear una solución al desafío, aplicando los conocimientos adquiridos y generando ideas creativas e innovadoras.
    – Desarrollar un prototipo o un plan de acción para implementar la solución, detallando los recursos necesarios, los pasos a seguir y los posibles riesgos o dificultades.
    – Evaluar la solución, contrastando sus resultados con los objetivos y criterios establecidos, así como con el feedback de los compañeros, profesores o expertos.
    Comunicar la solución, utilizando diferentes medios y formatos para difundir el trabajo realizado y las conclusiones obtenidas» (*Cfr.* CÁRDENAS GARCÍA, P.J. y DURÁN ROMÁN, J. L., «Mejora del rendimiento académico en fiscalidad empresarial a través del aprendizaje basado en problemas», *e-pública: revista electrónica sobre la enseñanza de la economía pública*, núm. 30, 2022, p. 40).

binada interesante al fomentar las competencias de los estudiantes para que aprendan en mayor profundidad, coincidiendo en resaltar que estas experiencias suponen una mejora en el rendimiento académico. La implementación de esta metodología de forma específica, en el ámbito de la docencia relacionada con las Ciencias Sociales y Jurídicas se ha realizado con cierta frecuencia, frente a otras ramas del conocimiento como en el grado de economía o de administración de empresas, dentro del sistema universitario español. No obstante, se ha puesto de manifiesto las propiedades que esta metodología docente tiene en lo referente al aumento de la motivación de los estudiantes y en la adquisición de competencias entre los mismos, a pesar de los muchos desafíos institucionales, prácticos y académicos, los resultados son beneficiosos.

6. INNOVACIONES EN EDUCACIÓN Y ENSEÑANZA INTERNACIONALES A TRAVÉS DE LAS TIC

El uso de las Tecnologías de la Información y la Comunicación (TIC) en la educación superior ha reformado intensamente los procesos de aprendizaje y enseñanza. Además, ha ampliado nuevas oportunidades de aprendizaje y acceso a recursos educativos más allá de los tradicionalmente disponibles. En esta condición, el uso de las TIC en la educación crea un método de formación llamado E-learning y de aprendizaje que intenta descubrir las ventajas, desventajas, conveniencias y limitaciones de la aplicación de las TIC junto con el aprendizaje electrónico a los estudiantes universitarios.

Asimismo, en la competitiva economía global basada en la información actual, hay mucha presión sobre la universidad para producir graduados capaces de funcionar en el nuevo entorno económico y social a nivel global provocado por la tecnología. Con el fin de satisfacer las demandas de la sociedad, las universidades de todo el mundo se están moviendo rápidamente para incorporar las (TIC) en todos los aspectos de su actividad principal de enseñanza y aprendizaje, dentro del proceso de trabajo que contribuye a mejorar los resultados de los estudiantes.

Profundizando en esta metodología se observa que permite a los estudiantes aprovechar los recursos tecnológicos con el objetivo de mejorar las prosperidad económica y social de un país, se hace necesario el desarrollo de un proceso educativo de calidad que otorga a sus ciudadanos poder alcanzar su máximo potencial ya sea cognitivo, procedimental o actitudinal, así, como la adquisición de competencias fundamentales para su desarrollo personal, profesional y laboral[11].

También, faculta a los estudiantes aprovechar mejor los recursos tecnológicos que utilizan en su vida cotidiana para resolver problemas complejos y reales, permitiendo una interacción horizontal entre estudiantes, profesores y expertos en comunidades locales o globales, para desarrollar un conocimiento más profundo de los temas que están estudiando, identificar y resolver problemas y, así lograr hacer diferencia en su comunidad local, regional y posiblemente nacional o internacional al compartir sus resultados con el mundo.

En la implementación de esta metodología de aprendizaje basado en retos en una institución de educación superior se busca responder a las necesidades, funciones y delimitaciones que están más allá de las intenciones y previsiones individuales de los actores directos involucrados. Por esta razón demanda una perspectiva verdadera del mundo, al buscar que los estudiantes, desarrollen soluciones a problemas reales, permitiendo que su aprendizaje involucre el hacer o actuar y un abordaje interdisciplinario y creativo, con miras al desarrollo de nuevas competencias aportando a la educación un significado práctico, vivencial y contextualizado.

Es por ello, que las instituciones de educación superior tienen la finalidad de fomentar el desarrollo y perfeccionamiento de las potencialidades del ser humano y, el impulso de la formación de capital humano con conocimientos, habilidades y competencias profesionales de alto nivel capaz de enfrentar los desafíos del futuro a través de la implementación de estrategias innovadoras. Esta innovación, depende esencialmente de la docencia universitaria, por ser los profesionales del arte de enseñar y su tarea investigadora, la que alcancen los retos y expectativas que permitan la realización efectiva de las actividades académicas, a través de la motivación, innovación y creatividad y progreso de los estudiantes.

Ahora bien, dado el advenimiento de los avances tecnológicos en los procesos educativos y especialmente los de educación superior, se generan acciones encaminadas a la formación de estudiantes comprometidos con la evolución y aptitudes para el dominio de las nuevas tecnologías, la creatividad, originalidad e iniciativa del pensamiento crítico y reflexivo, que per-

---

11.   SÁNCHEZ SÁNCHEZ, E. M., «Innovación docente mediante la incorporación de las TIC en la formación práctica del Derecho Financiero y Tributario», en AA.VV., *Estrategias de innovación docente en disciplinas jurídicas*, Navarra, Aranzadi, 2021, pp. 146-150.

mita la resolución de problemas complejos y reales, a partir de estrategias que favorezcan el ejercicio de habilidades comunicativas y digitales.

En la actual sociedad de la información, los estudiantes tienen que acceder al conocimiento a través de las tecnologías de la información y la comunicación (TIC) para seguir el ritmo de las nuevas tecnologías, dado que el uso de las TIC es símbolo de una nueva era en la educación, donde las limitaciones de tiempo y lugar permitirán lograr un aprendizaje adaptado a las necesidades de los estudiantes. Además, las TIC enriquecen los modelos educativos existentes y proporcionan nuevos modelos de formación que comparten las características de una formación basada en los retos de la tecnología, proponiendo nuevos métodos de aprendizaje en los que el estudiante desempeña un papel activo, independiente, flexible e interactivo. Estos métodos de enseñanza y aprendizaje pasan de centrarse en los contenidos a basarse en competencias y, también, pasan de formas centradas en el docente a formas centradas en el estudiante.

Las TIC impregnan actualmente los entornos educativos de la enseñanza superior y sustentan el éxito mismo de la educación de este siglo XXI. También, añaden valor al proceso de aprendizaje y a la organización y gestión de las instituciones de enseñanza. Es evidente, que las tecnologías son una fuerza impulsora de gran parte del desarrollo y la innovación tanto en los países desarrollados como en los países en desarrollo. Por ello, las TIC son consideradas una corriente principal en la enseñanza superior, dado que se están utilizando en todos los ámbitos educativos, como la elaboración de desarrollo de materiales didácticos, la difusión y el intercambio de contenidos, la comunicación entre alumnos, profesores y el mundo, la creación y realización de presentaciones y conferencias, en la investigación académica, dando apoyo administrativo y matriculación de estudiantes en nuestro caso de Derecho financiero y tributario[12].

7. EL APRENDIZAJE ACTIVO

En un mundo cada vez más exigente, la tecnología aplicada a la educación es una herramienta esencial para ayudar a los estudiantes en el desarrollo de los modelos de aprendizaje. Además, el futuro éxito profesional o académico de cualquier estudiante dependerá de su capacidad para adqui-

---

12. SÁNCHEZ SÁNCHEZ, E. M., «Los potenciales beneficios de las TIC para mejorar la calidad de la educación, la innovación y la investigación del Derecho Financiero y Tributario», en AA.VV., *Innovación en la investigación de las Ciencias Jurídicas, Económicas y Empresariales*, Madrid, Dykinson, vol. 1, 2021, pp. 381-396.

rir inteligencia emocional y la capacidad de colaborar con otros estudiantes de diferentes perfiles. El Aprendizaje Activo «requiere que los alumnos reflexionen y practiquen utilizando nuevos conocimientos y habilidades a fin de desarrollar recuerdos a largo plazo y una comprensión más profunda. Esta última también les permitirá conectar distintas ideas entre sí y pensar de manera creativa»[13].

La metodología del aprendizaje activo es una estrategia de enseñanza que se centra en los estudiantes para capacitarlos mediante una disciplina, a través de un proceso constructivo basado en la comunicación activa y en problemas reales. Por tanto, son procesos interactivos centrados en la educación, donde los alumnos prestan atención, se implican y son capaces de pensar de forma crítica, participando de modo creativo, en el que los estudiantes se desarrollen en sus próximos años.

La tecnología es un factor crucial en los enfoques de aprendizaje activo, ya que ayuda a los estudiantes a desarrollar nuevas habilidades y a prepararse para sus futuras carreras, pero no a través de las habituales conferencias o presentaciones de diapositivas. Está claro, que el nivel de participación de los estudiantes y su rendimiento académico se elevan significativamente cuando la tecnología está presente en el aula.

La enseñanza orientada a la acción responde a un enfoque didáctico integral que presupone específicamente la destreza desarrollada por el alumno y, el resultado de este proceso de aprendizaje debe ser un equilibrio entre la cabeza, la mano y el corazón, por lo que no se trata de un modelo, sino simplemente un concepto didáctico. No obstante, el uso de metodologías activas en el aula es un factor relevante a la hora de adquirir conocimientos.

El aprendizaje activo es un método que está cambiando la naturaleza de la educación, impulsando un futuro más inventivo y técnico que acompañará a la próxima generación de innovadores, desarrolladores y líderes. Por su capacidad operativa tiene múltiples ventajas para los estudiantes, entre ellas, desarrollar habilidades tecnológicas donde los estudiantes puedan ampliar facultades en IA, mantener el interés de los alumnos y proyectarlos

---

13. *Vid.* FERNÁNDEZ BATANERO, J. M.; MONTENEGRO RUEDA, M.; FERNÁNDEZ CERERO, J. y ROMÁN GRAVÁN, P., «La inclusión de las TIC como apoyo al alumnado universitario con discapacidad a través de la revisión bibliográfica», en AA.VV., *Escenarios y recursos para la enseñanza con tecnología: desafíos y retos*, Barcelona, Octaedro, 2022, pp. 988-990.

hacia futuras carreras a fin de prepararlos para el éxito. Y es que el aprendizaje nunca agotará la mente.

Es evidente, que la ampliación de la mentalidad y las nuevas experiencias resultan vitales para el aprendizaje de técnicas en la resolución de problemas, en el espíritu empresarial y la innovación. Así, los estudiantes podrán desarrollar habilidades tecnológicas en entornos de aprendizaje mixto, que les permitirá comprometerse aún más con sus estudios.

Las metodologías activas[14] para la formación de competencias que más se utilizan en el aula como hemos expuesto, responden a:

- *Aprendizaje basado en proyectos (ABP).* Suele ser la metodología más conocida y utilizada, donde la investigación se trabaja en equipo, con el objetivo de dar soluciones.

- *Aprendizaje basado en problemas*. Normalmente, en esta metodología activa de aprendizaje el estudiante debe resolver un problema encontrando la mejor solución. Su objetivo es fomentar la curiosidad del estudiante.

- *Aprendizaje basado en aula invertida (flipped classroom).* Con el aprendizaje del aula invertida, el estudiante es quién prepara un tema en casa y lo expone en clase.

- *Aprendizaje basado en retos (ABR).* Es un aprendizaje muy similar al basado en problemas, pero la cuestión que se plantea es más compleja y real, afín con el entorno de estudiante. El objetivo es dar soluciones reales y no ficticias.

- *Aprendizaje cooperativo*. Este aprendizaje cooperativo se caracteriza por la cooperación, El objetivo es la integración de los estudiantes y se consigue cuando lo consigan el resto de la clase.

La idea principal del aprendizaje activo se produce cuando los estudiantes están activamente involucrados en la tarea que se les asigna y que esta tarea debe ser desafiante para que los estudiantes tengan que pensar y reflexionar sobre lo que están haciendo. Al respecto, diría. John Dewey (1859-1952), filósofo e investigador de educación estadounidense, que «dar

---

14. MUÑOZ CARRIL, P. C. y MUÑOZ CARRIL, P., «Innovación educativa para una educación transformadora», en AA.VV., *E-actividades para un aprendizaje activo e innovador*, Madrid, Dykinson, 2022, pp. 309-330.

a los alumnos algo que hacer, no algo que aprender; y el hacer es de tal naturaleza que exige pensar; el aprendizaje naturalmente resulta»[15].

Sin embargo, también existen ideas equivocadas sobre estrategias del aprendizaje activo, pues no es esperable que el alumno simplemente aprenda por sí solo o en grupo sin intervención del docente. De igual forma, el aprendizaje activo incluye una gran variedad de estrategias de enseñanza que no necesariamente implican que los alumnos estén desplazándose por el aula ni haciendo trabajos en grupo.

Finalmente, este aprendizaje se da si los estudiantes reflexionan y relacionan su nuevo aprendizaje con ideas preexistentes de manera que ello les permita progresar. Ello significa que una instrucción directa, que involucre a todas las interacciones, con seguimiento de cada alumno, también es una metodología de enseñanza efectiva asociada al aprendizaje activo.

Ahora bien, diseñar entornos de aprendizaje encaminados a la incorporación de pedagogías de aprendizaje activo resulta difícil, dado que determinar que clasificación de estas pedagogías podría resultar una herramienta útil a la hora de poder compararlas, desde un punto de vista teórico como práctico. Como sugerencia, sería organizar discusiones en grupos pequeños, sobre temas actuales, ya sea políticos, racistas, sociales, donde el docente elegirá que estudiantes están en que grupos en lugar de permitirles elegir sus grupos, lo que conducirá a un entorno de aprendizaje más diverso y alentará a todos los estudiantes a participar activamente.

8. LA EDUCACIÓN DE LOS ESTUDIANTES COMO HERRAMIENTA CLAVE PARA TRANSFORMAR LA CULTURA TRIBUTARIA Y EL CUMPLIMIENTO FISCAL VOLUNTARIO

Es indudable, que la educación universitaria juega un papel fundamental en el ámbito profesional de los estudiantes, como piezas clave para el fomento de la cultura tributaria que deberá sustentarse en valores que procuren al bien común. Sin embargo, llevar a cabo esta cultura no es un objetivo fácil pues precisa de una analogía de políticas de control con aquellas de carácter educativo, imprescindibles para fomentar la cultura tributaria en los futuros contribuyentes, germinando desde la educación universitaria en los estudiantes, lo cual puede concebirse como una solución destinada

---

15.   DEWEY, J., *Democracy and Education*, MacMillan, New York, 1916, p. 4.

a disminuir la evasión fiscal que es instituida en base al del bajo nivel de cultura tributaria en la población.

Ahora bien, la mayoría de los países del mundo muestran la obligatoriedad que tienen todos los ciudadanos en colaborar con las cargas públicas del Estado a través del pago de los tributos. Esta obligación tributaria no ha tenido mucha aceptación por parte de los sujetos pasivos que siempre han tenido poca disposición para cumplir con este deber constitucional, manifestando un bajo nivel de cultura tributaria que se ve reflejada en los niveles de recaudación. Es sabido que la conducta del ser humano puede ser modificada con educación, para transformar aspectos indeseables en productivos y aceptados por la sociedad, a fin de generar una conducta ciudadana en su forma de concebir el cumplimiento de las obligaciones tributarias, como un deber primordial acorde con los valores de una sociedad fundamentada en la supremacía del bien común.

Indudablemente, el Estado es el responsable de la búsqueda del bien común de la sociedad, para cumplir con su obligación constitucional de velar por el bien común y proporcionar a los ciudadanos los servicios básicos que estos requieren, para ello necesita que los ciudadanos contribuyan con el pago de los impuestos que serán revertidos en beneficio de la ciudadanía, convirtiéndose en un deber moral. Estas obligaciones del estado y los contribuyentes suponen una inequívoca concepción de que el individuo como ser social y no como sujeto individual aislado de la sociedad, debe pagar impuestos que son la cuota de colaboración que toda persona debe realizar por los beneficios que recibe del Estado en corresponsabilidad con el bien común, lo cual se manifiesta a través de una cultura tributaria con bases sólidas, que evidencia la estrecha relación que existe entre el pago de impuestos y el nivel de cultura tributaria de los individuos[16].

---

16. Cabe resaltar, que a nivel universitario se innovan propuestas que incluyen en la formación del futuro profesional aspectos que le permitan ayudar a elevar el nivel de cultura social y tributaria, planteando estrategias pedagógicas que van dirigidas a fomentar esa cultura fiscal en los estudiantes. Obviamente, en nuestras aulas de Derecho Financiero y Tributario, los estudiantes alcanzan un alto nivel de conocimiento sobre aquellos aspectos tributarios importantes incluidos en los programas educativos de la asignatura, sobre la legislación tributaria vigente que engloba en sus inicios, que son los tributos, clases de tributos, sujetos tributarios, la relación jurídica-tributaria, la obligación jurídica-tributaria, entre otras, con el fin de inculcar a los estudiantes una conciencia cívica y tributaria y la conducta del contribuyente que es el objetivo de la Administración Tributaria (*Cfr.* SALAZAR NAVARRO, M. C., «Innovación docente en el ámbito del Derecho Financiero y Tributario: digitalización de la

En el actual contexto sociocultural, el entorno universitario es para cualquier profesional el lugar en el que aprenden el conjunto de saberes que les permitirá iniciarse en el ejercicio de cualquier profesión con eficiencia, un espacio de aprendizaje, tanto de carácter profesional, cultural, humano y también, ético y moral. En este sentido, promover la potencia pedagógica de la universidad con relación al aprendizaje y formación de los citados valores en los estudiantes, permitirá avanzar en los conocimientos del saber, de manera que pueda emprender la investigación, especialización y profundización de estos mismos.

En este sentido, es fundamental que las universidades sigan incluyendo conductas de enseñanza en cultura tributaria que fortalezcan los valores ciudadanos en todos los estudiantes, quienes serán los futuros contribuyentes, pero no sólo fomentar el conocimiento que sí se lleva a cabo desde la enseñanza del sistema tributario en las aulas del Derecho Financiero y Tributario, sino también desarrollar la práctica de ética fiscal para su futuro entorno profesional.

Asimismo, el objetivo de la educación tributaria es transmitir a los ciudadanos más jóvenes actitudes basadas en valores favorables a la responsabilidad fiscal que contribuyan al bien común y contrarias a las conductas defraudadoras. Desde el sistema educativo universitario se debe tratar de concienciar a los estudiantes en la práctica constante de estos valores que propugna la constitución, haciéndose necesario que todos los ciudadanos fortalezcan la cultura tributaria y entender que los tributos son recursos que recauda el Estado para ser retribuidos a la comunidad en bienes y servicios públicos mejorando la calidad de vida de todos los ciudadanos. Estas consideraciones reflejan la influencia de la educación universitaria en la formación de una cultura tributaria que tiene una alta responsabilidad con la sociedad, dado que son los encargados de preparar a los profesionales del futuro.

En virtud de lo planteado, el concepto actual de formación universitaria debe tener el objetivo de cohesión social, el cual debe estar derivado de las investigaciones sobre el desarrollo moral y aprendizaje ético, al estar dichos aspectos relacionados entre sí y persiguen como objetivo la construcción de una ciudadanía comprometida con el bienestar social, en este sentido, exis-

_____

Administración tributaria», en AA.VV., *Innovación docente en investigación en Ciencias Sociales, Económicas y Jurídicas: Experiencias de cambio en la metodología docente*, Madrid, Dykinson, 2022, pp. 203-204).

ten razones para estimar que una formación universitaria de calidad no ha de separar el comportamiento ciudadano del futuro profesional.

Un estudio de la OCDE manifiesta que la educación de los contribuyentes puede ser una herramienta clave para aumentar la disposición de las personas y las empresas a pagar impuestos voluntariamente y, desempeñar un papel vital en el corazón de la movilización de los ingresos fiscales que se necesitan con urgencia para ayudar a alcanzar los Objetivos de Desarrollo Sostenible, porque recaudar ingresos fiscales suficientes para el bienestar social, sigue siendo un desafío importante para muchos países[17].

Educar a los contribuyentes sobre los factores que afectan la moral tributaria es un trabajo arduo que no solo compete a las administraciones tributarias, sino al valor de las asociaciones efectivas con otras partes interesadas, como universidades, asociaciones empresariales y organizaciones no gubernamentales. Desde esta perspectiva, la Directora Adjunta del Centro de Política y Administración Tributaria de la OCDE, Grace Pérez Navarro, afirmó que «los sistemas tributarios eficaces se basan en altos niveles de cumplimiento voluntario; aumentar la comprensión de cómo las herramientas de educación del contribuyente pueden impactar directamente en la voluntad de los contribuyentes de cumplir voluntariamente puede ayudar a los países a aumentar los ingresos que necesitan para alcanzar los Objetivos de Desarrollo Sostenible y generar confianza en la equidad del sistema tributario»[18].

Al respecto, cabe recordar que la misión de la universidad es trabajar la materia de estudio y los métodos de investigación tributaria con el alum-

---

17. El informe de la OECD de 2023, «Building a Tax Culture, Compliance and Citizenship» analiza un conjunto de datos único de «140 iniciativas de educación de contribuyentes implementadas en 59 países desarrollados y en desarrollo de todo el mundo, ofreciendo una clasificación de diferentes enfoques para la educación de los contribuyentes e identificando desafíos y soluciones comunes. Con más del 80% de las iniciativas de los contribuyentes reportadas para generar una mejora en la moral tributaria —la motivación intrínseca para pagar impuestos— el estudio muestra que el aumento de la alfabetización fiscal puede desempeñar un papel activo en la configuración de la cultura tributaria de un país, en la que los ciudadanos entienden los efectos de pagar o no pagar impuestos en su vida diaria». Para acceder al informe, visite https://www.oecd.org/tax/tax-global/taxpayer-education-to-build-tax-culture-compliance-and-citizenship-highlights.pdf [Consultado: 01/04/24].

18. *Véase* MASBERNAT, P., «Educación fiscal y desarrollo de una ética y cumplimiento tributario», *Revista de Educación y Derecho*, núm. 26, 2022. Disponible en https://dialnet.unirioja.es/servlet/articulo?codigo=8719991 [Consulta: 01/04/2024].

nado, a fin de aportar a los estudiantes la enseñanza de impuestos, con un compromiso profundo a largo plazo donde los jóvenes sean conscientes de su participación en las cargas públicas. Este desarrollo de estudio que alcanza también a las competencias de los estudiantes al finalizar sus estudios, son fundamentales para que adquieran una conciencia crítica y despierte el interés de transmitirlas ante nuevas exigencias del ejercicio profesional. Apoyando el cumplimiento tributario proporcionando asistencia práctica y directa a los contribuyentes para facilitar el uso de herramientas modernas de administración electrónica y especialmente a los contribuyentes vulnerables, en sus obligaciones tributarias.

Por ello, las habilidades financieras básicas y una comprensión general de los mecanismos financieros que rigen cómo vivimos deben incluirse en la educación superior de nuestros estudiantes de Derecho tributario y puede ser integrado en los planes de estudio del aula, porque los impuestos construyen el futuro.

En efecto, nuestras economías y sociedades están experimentando desafíos estructurales a largo plazo, que incluyen el cambio demográfico, el cambio tecnológico, la globalización, la degradación ambiental y el cambio climático, así como el aumento de las desigualdades. Todo esto necesita una respuesta política, ya que es de esperar que estas tendencias tengan un impacto negativo en la sostenibilidad de alcanzar una combinación tributaria en el futuro a nivel comunitario, para salvaguardar al mismo tiempo unos ingresos fiscales suficientes para lograr la sostenibilidad fiscal y garantizar un sistema tributario eficiente y justo.

La Unión Europea está trabajando para alcanzar esa combinación tributaria con el objetivo de estimular grandes debates, que abarquen todos los tipos de impuestos recaudados por los países en todos los niveles de gobernanza y profundizar en aspectos específicos para considerar sus perspectivas a largo plazo, en el camino hasta 2050. A medida que la UE avanza en su revisión de las normas de fiscalidad en el futuro, también se presenta el acuerdo sobre el impuesto de sociedades, núcleo del actual sistema internacional de tributos, que al ser diseñado hace más de un siglo ha quedado obsoleto por el avance de la globalización, la digitalización y la intensificación del uso de activos intangibles que han cambiado sustancialmente la forma de hacer negocios de las empresas. Estos cambios deben reflejarse en la forma en que tributan las sociedades, pero persisten otros retos, en particular la creciente complejidad que suponen las normas fiscales, por lo que hay que prever el futuro del impuesto de sociedades, estudiando un sistema fiscal más eficaz.

Existe actualmente en todos los países, un fuerte impulso para mejorar la educación en materia de fiscalidad y finanzas básica de los estudiantes y enseñarles la importancia de ser responsables como ciudadanos cuando se incorporen al mercado laboral y se conviertan en contribuyentes. El comportamiento de los contribuyentes es una preocupación constante de muchas autoridades fiscales del mundo, sobre todo por las repercusiones sociales y financieras de un sistema fiscal que puede verse afectado por diferentes factores, entre ellos está la educación. Pagar impuestos es un deber cívico y la educación de los estudiantes es un medio para empoderar a los contribuyentes y mejorar la moral tributaria.

Se sugiere que la gestación de la educación fiscal debería introducirse también tempranamente para desarrollar una mejor comprensión de la fiscalidad en el momento de entrar en el sistema fiscal, lo que sería muy beneficioso para aumentar la conciencia social y crear contribuyentes que entiendan su responsabilidad con los sistemas tributarios de sus países. La preparación sería de suma importancia ya que la fiscalidad es una faceta importante de la vida cotidiana y condiciona lo que pueden gastar una vez que han pagado sus impuestos. Cada vez está más en auge que se eduque a los estudiantes sobre los principios tributarios, al sostener que educar a los estudiantes sobre fiscalidad crecerá el nivel de conocimiento sobre los impuestos y se traducirá en un aumento de la tasa de cumplimiento fiscal[19] y, en consecuencia, en un aumento de la recaudación total de impuestos.

Asimismo, este conocimiento daría un mejor argumento para cambiar la actitud del contribuyente hacia la tributación y lo que anteriormente percibían como un trato desigual por parte de las autoridades fiscales, puede concebirse como el medio para financiar un sistema de prestación de servicios por parte del gobierno. Es decir, cuando mejoran dichas actitudes, aumenta el nivel de cumplimiento fiscal y se reduce la propensión de los contribuyentes a evadir impuestos.

---

19. ANÍBARRO PÉREZ, S., «El uso de perfiles de riesgo al servicio del "Tax compliance"», *Quincena Fiscal*, núm. 8, 2023. Disponible en https://www.thomsonreuters.es/es/productos-servicios/aranzadi-insignis.html [Consulta: 01/04/2024].

A) El proyecto TAXEDU de la Unión Europea

La Unión Europea ha presentado un proyecto piloto llamado TAXEDU[20], que viene dado de las palabras Tax que son los impuestos y Educativo, con el objetivo de formar a los jóvenes ciudadanos europeos en materia tributaria, para que tengan conciencia e información de como estos afectan a sus vidas.

A los jóvenes se les presenta información dirigida a este colectivo de personas que se encuentran en este rango de edad de transición hacia la plena edad adulta, donde estarán obligados a pagar impuestos cuando se matriculen en la Universidad, cuando pongan en marcha un negocio o cuando empiecen a trabajar.

La información se les presenta a través de una página web y material de aprendizaje a distancia que permiten a los jóvenes europeos aprender acerca de los diferentes impuestos existentes en cada país y, a concienciarse de las cuestiones conexas con ellos, como reducir el fraude fiscal[21] y la evasión fiscal en Europa de una manera interesante y entretenida, para aprender lo relativo a los impuestos y las ventajas que derivan de ellos, con el ánimo de hacer saber a los ciudadanos europeos qué servicios son posibles gracias a la recaudación de impuestos, en apoyo de la educación, sanidad y otros.

Este proyecto se ha realizado por la Dirección General de Fiscalidad y Unión aduanera, bajo la dirección del Parlamento Europeo y de la Comisión Europea, además de contar con la participación de las administraciones tributarias nacionales y el asesoramiento de jóvenes europeos que han aportado información muy valiosa sobre el contenido docente. El portal TAXEDU es una herramienta dispuesta para ayudar a los jóvenes para encontrar la información y los recursos necesarios para entrar en el mundo de la fiscalidad, a menudo complicado. Con su apoyo podrán contribuir a mejorar el cumplimiento de las obligaciones fiscales y a combatir más eficazmente el fraude y la evasión fiscales. Para ello, ofrece los conocimientos

---

20. *Véase* https://taxedu.campaign.europa.eu/es/home [Consulta: 01/04/24].
21. GONZÁLEZ GARCÍA, I. y MATEOS CABALLERO, A. (dir.), «A Comparison Between Bayesian Dialysis and Machine Learning to Detect Tax Fraud and Its Causes: The Case of Vat, Corporate Tax and Customs Duties in Spain», *SN Computer Science*, vol. 4, núm. 80, 2023. Disponible en https://doi.org/10.1007/s42979-022-01483-5 [Consulta: 01/04/2024].

y herramientas para hacer que la educación fiscal sea más lúdica y relevante para los estudiantes de hoy y los ciudadanos de mañana.

Finalmente, requieren a los jóvenes adultos a que tanto si está en la universidad, en su primer trabajo o si ha creado su propia empresa, se informe porque también puede ser beneficiario de los impuestos.

B) Los beneficios de la educación de los contribuyentes

La OCDE ha realizado una segunda edición de la guía sobre educación tributaria en el mundo, con el objetivo de fomentar una cultura de moral tributaria general basada en derechos y responsabilidades, en la que los ciudadanos vean el pago de impuestos como un aspecto esencial de la relación con sus gobiernos, con la que pretende ayudar a las autoridades tributarias a diseñar y poner en marcha iniciativa de educación cívico-tributarias en aquellos países desarrollados y en desarrollo, para identificar los obstáculos y soluciones comunes entre todos ellos.

Estas estrategias innovadoras que recoge el informe sirven para ofrecer ideas e inspiración a las autoridades tributarias con respecto al cumplimiento fiscal voluntario generalizado de sus ciudadanos, que desempeña un papel importante en los esfuerzos que realizan los países por recaudar los ingresos necesarios para alcanzar los Objetivos de Desarrollo Sostenible de su ciudadanía. Esta atención de los gobiernos hacia la educación tributaria y dar asistencia a los contribuyentes tiende un puente entre la administración tributaria y los ciudadanos, que, realizada de forma adecuada, puede ser una herramienta potente para transformar la cultura fiscal e impulsar más investigaciones, debates e iniciativas, en aras de comprender mejor y reforzar la moral tributaria y el cumplimiento de las obligaciones fiscales que corresponde a cada contribuyente. Los gobiernos se están esforzando para movilizar y comprometer generaciones de contribuyentes de hoy y futuras, informándoles de los derechos y responsabilidades que tienen los ciudadanos con el pago de impuestos como un aspecto integral de la relación que une a la administración tributaria y los ciudadanos.

En este contexto, la educación del contribuyente se convierte en un medio para empoderar a los contribuyentes, ofreciéndoles conocimientos y herramientas que mejoren sus capacidades y poder aumentar su moral tributaria que le llevará al cumplimiento tributario[22]. Las autoridades fiscales son conscientes de que sin educación es muy difícil cambiar la cultura tributaria, por ello, la educación del contribuyente se incluyó cada vez más entre las líneas de negocio estratégicas de las administraciones tributarias, a pesar de la corta historia de la mayoría de los programas educativos. Sin embargo, la difusión de la educación tributaria busca fortalecer el alcance de la educación tributaria en las universidades, desarrollando alianzas estratégicas con las entidades estatales y una visión general de las iniciativas existentes y los medios para aplicarlas. Si bien se han producido avances significativos en la cooperación tributaria internacional para atajar el fraude y la evasión fiscal, se siguen planteando desafíos importantes en la movilización de los recursos internos[23].

Por tanto, la educación del contribuyente beneficia en primer lugar a los propios contribuyentes a escala social, por tratarse de un tema de responsabilidad ciudadana, pues si unos ciudadanos no pagan los impuestos que deben pagar, otros con más aptitud cívica deberán pagarlos, es decir, cuan-

---

22. *Véase* MAYTA HUIZA, D. A.; GUEVARA GÓMEZ, H. E.; PINEDA YUCRA, W. y TORRES MARRÓN, F. J., «Confianza en el Estado y cumplimiento tributario en egresados universitarios», *Revista Venezolana de Gerencia*, vol. 28, núm. 103, pp. 1327-1345, 2023. Disponible en https://dialnet.unirioja.es/servlet/articulo?codigo=9000848 [Consulta: 01/04/2024].

23. «En este contexto, la movilización de recursos internos exige implementar políticas fiscales ambiciosas que estén respaldadas por una sólida aplicación. No obstante, los recursos de las administraciones tributarias son escasos, tanto en términos financieros como de personal. Las inspecciones, las sanciones y otras medidas coercitivas tienen un papel que desempeñar, pero el cumplimiento voluntario es el fundamento de todo sistema fiscal, por lo que, entre los esfuerzos de movilización de recursos internos de los países, resulta esencial la creación de una cultura contributiva. Esta atención de los gobiernos hacia la educación tributaria y asistencia al contribuyente tiende un puente entre la administración tributaria y los ciudadanos la cual, si se lleva a cabo de forma adecuada, puede ser una herramienta clave para transformar la cultura fiscal. Basándose en análisis anteriores de la OCDE, este informe pretende ayudar a las autoridades tributarias a diseñar y poner en marcha iniciativas de educación cívico-tributaria. Este nuevo informe analiza 140 iniciativas que se están llevando a cabo en 59 países desarrollados y en desarrollo, proponiendo una tipología para clasificar los diferentes enfoques de la educación cívico-tributaria e identificando los obstáculos y soluciones comunes a todas ellas. En términos más generales, este informe contribuye al trabajo más amplio de la OCDE sobre la moral tributaria y pretende fomentar más investigaciones, debates e iniciativas, especialmente en los países en desarrollo, en aras de comprender mejor. Y, en última instancia, reforzar la moral tributaria y el cumplimiento de las obligaciones fiscales por parte de los contribuyentes» (OCDE, *Fomentando la cultura tributaria, el cumplimiento fiscal y la ciudadanía: Guía sobre educación tributaria en el mundo*, 2021, OECD Publishing, Paris. Disponible en https://doi.org/10.1787/17a3eabd-es [Consultado: 01/04/24].

tos más ciudadanos con aptitud cívica paguen su parte justa de impuestos, más recursos estarán disponibles para el desarrollo del país, construir infraestructura y ofrecer servicios sociales. Además, la educación del contribuyente no sólo servirá para informarle de lo que debe pagar, sino también beneficia a los contribuyentes directamente, ayudándoles a ahorrar dinero.

La alfabetización tributaria es la capacidad que tienen los ciudadanos para comprender mejor el sistema tributario y el importante papel que desempeñan los impuestos en su vida diaria. Por tanto, la educación fiscal se manifiesta como una herramienta que permite a los ciudadanos entender cuáles son las leyes y los procedimientos para así conocer sus derechos y que beneficios, deducciones o incentivos les corresponden para reducir legítimamente sus declaraciones de la renta.

Del mismo modo, las administraciones tributarias también se benefician de las iniciativas de educación de los contribuyentes, porque resulta más fácil tratar con ciudadanos educados, que los hace mejores ciudadanos, pues no solo pagan correctamente sus impuestos a tiempo, sino que pueden convertirse en agentes para difundir el conocimiento tributario a todo el país. Ello, permite a las administraciones a encaminar sus recursos hacia otros actores para luchar contra la evasión y el fraude fiscal.

En efecto, la educación del contribuyente conduce a una cultura de mayor cumplimiento voluntario tributario, porque les brinda la oportunidad de comprender como funciona el sistema tributario y beneficia a la sociedad en su conjunto. Además, la educación ayuda a los contribuyentes a realizar sus declaraciones de impuestos y alentarlos a utilizar los servicios de tecnología en línea disponibles para ellos, lo que puede facilitarles la vida, ahorrarles tiempo y, por tanto, mejorar su cumplimiento.

En todo caso, crear una relación positiva con los contribuyentes mediante iniciativas educativas pueden ofrecer una experiencia de aprendizaje integral sobre impuestos, ofreciendo a los ciudadanos un mejor conocimiento de sus derechos y obligaciones, así, como la forma en que funciona el sistema tributario que podrá ayudarles a desarrollar nuevas habilidades. A cambio, la educación del contribuyente puede mejorar la imagen de las administraciones tributarias, al brindarles información valiosa para adaptar sus servicios y mejorar la moral tributaria para el cumplimiento tributario.

9. EL IMPACTO Y LA CONFIGURACIÓN DE LA DESIGUALDAD EN LA REDISTRIBUCIÓN DE LA RENTA

En las últimas décadas, los ingresos de los hogares se han distribuido de manera muy desigual en la mayoría de los países del mundo, pero el aumento de esta desigualdad no solo se ha debido al concepto del incremento de la proporción de las rentas más altas, sino también por la tendencia de las rentas más bajas a quedarse más ancladas con respecto al resto de la población.

En un contexto en el que las desigualdades son cada vez mayores, no es muy probable que desaparezcan en un futuro aún incierto de digitalización y de acelerado cambio tecnológico. Aunque la magnitud, el momento y las características del aumento de las desigualdades varían en los diferentes países, el aumento de la dispersión salarial y la creciente polarización laboral son características comunes. A estos efectos, la redistribución de la renta se mide como la reducción relativa de la desigualdad de la renta antes de impuestos, lo que se consigue a través del impuesto sobre la renta de las personas físicas, las cotizaciones de la seguridad social tradicionales y las pensiones que presionan sobre la capacidad redistributiva de los presupuestos públicos.

Las tendencias de la redistribución de la renta identifican las principales causas del descenso que se observa en la mayoría de los países en los últimos años, por un lado, los factores políticos, que derivan del potencial que desempeñan las políticas tributarias y de gasto público que afectan la distribución del ingreso de la renta, como los cambios en la dimensión y diseño de los sistemas fiscales y de transferencias monetarias, a la hora de explicar el descenso y, por otro, los factores no políticos, como el impacto de la globalización, los cambios tecnológicos o el envejecimiento de la población, en aras de adoptar las reformas estructurales favorables al crecimiento, para lo que la OCDE[24] se ha venido esforzando para arrojar luz sobre los efectos distributivos y de crecimiento, con la iniciativa más amplia del proyecto de Crecimiento Inclusivo en favor de la equidad sobre las tendencias y los motores de la redistribución de la renta personal y corporativa, particularmente en las reformas de redistribución de impuestos progresivos y de redistribución de las transferencias monetarias desde una perspectiva transnacional, que reducen la desigualdad de ingresos. Asimismo, el efecto

---

24. OECD, *Income inequality (indicator)*, 2023. Retrieved from doi: 10.1787/459aa7f1-en [Accessed on 1 April 2024].

de los impuestos sobre la renta de las Sociedades parece erosionarse en las economías más abiertas o globalizadas.

Una estrategia integral para abordar la desigualdad requiere políticas que promuevan una mayor igualdad[25] en los ingresos de mercado, como proporcionar acceso a oportunidades educativas, sanitarias y laborales de alta calidad, especialmente a quienes se enfrentan a desventajas. También requiere esfuerzos para reducir la desigualdad en los ingresos después de impuestos y transferencias, por ejemplo, garantizando la progresividad del sistema fiscal y dirigiendo las transferencias a los hogares de renta baja.

Igualmente se percibe que los impuestos sobre el consumo, los impuestos especiales y los derechos de aduana obtienen un efecto negativo en la distribución de los ingresos. Sin embargo, por parte del gasto, se observa que una mayor proporción del PIB en el gasto público para el bienestar social, educación, vivienda y salud tiene un impacto positivo en la distribución del ingreso.

Una asignatura pendiente sigue siendo el gasto público y la distribución de la renta[26], dado que depende de la eficacia de la política gubernamental para mejorar o al menos mitigar el empeoramiento de la distribución de la renta y, estamos de acuerdo, que, sin una política gubernamental redistributiva, aunque se obtengan tasas de crecimiento muy elevadas, no será suficiente para reducir significativamente las desigualdades, ni las tasas de pobreza y de la desigualdad de ingresos.

En general, parece justo concluir que los datos disponibles sugieren que el gasto público en bienestar social y en formación de capital humano, como la sanidad y la educación, tiene el potencial de reducir la pobreza, en especial cuando se orienta eficazmente. Sin embargo, la investigación sobre los

---

25. SÁNCHEZ SÁNCHEZ, E. M., *El principio de igualdad en materia tributaria*, Aranzadi-Thomson Reuters, Navarra, 2016, 480 pp.
26. El profesor MATÍAS CORTÉS, en la línea de intentar la resolución del problema denunció hace más de cincuenta años que, «hasta ahora el gasto público se distribuye con arreglo a una serie de principios de oportunidad, políticos-económicos, no sé, pero muchos principios hay para saber cuándo hay que gastar en esto y cuando hay que gastar en lo otro. No he leído en ningún sitio cuando el gasto es justo y cuando es injusto, y este este es el problema capital que tiene hoy el Derecho financiero y tributario, mientras que ese problema no se solucione, no habrá Derecho Financiero, habrá más o menos unos estudios formales sobre el control del gasto, o sobre la relación jurídica, pero ese Derecho carecerá de su base fundamental» (*Cfr.* SÁNCHEZ SÁNCHEZ, E. M., *El principio de no confiscatoriedad en materia tributaria*, Aranzadi-Thomson Reuters, Navarra, 2021, pp. 1-10).

efectos combinados de los impuestos y el gasto público en la distribución de la renta observa que cuando se consideran conjuntamente el sistema fiscal y el de gasto público, el sistema tiende a favorecer a las clases de mayores ingresos.

Debido a esta composición de herramientas redistributivas, las políticas redistributivas en los países de la OCDE han sido más eficaces a la hora de reducir las diferencias de ingresos en la parte inferior de la distribución de ingresos que en la parte superior. Por ello, para restablecer los ingresos de los más pobres, la política más eficaz es fomentar el empleo y el aumento de los ingresos entre estos grupos.

II. LA RETÓRICA COMO COMPONENTE FUNDAMENTAL DE INNOVACIÓN EN LA EDUCACIÓN SUPERIOR

La retórica es una disciplina de la serie modernamente denominada ciencia de la literatura. En un sentido actual y muy general, es una técnica relativa a distintos campos de conocimiento como ciencia de la literatura, ciencia política, ciencias de la educación, ciencias sociales, derecho, etc., que «se ocupa de estudiar y de sistematizar procedimientos y técnicas de utilización del lenguaje, puestos al servicio de una finalidad persuasiva o estética, añadida a su finalidad comunicativa»[27].

Es por ello, que la retórica es el estudio y el arte de escribir y hablar bien, ser persuasivo y saber cómo componer escritos y presentaciones exitosas. La retórica nos enseña las habilidades esenciales del aprendizaje avanzado en la educación superior. En las clases de Derecho financiero y tributario, los estudiantes aprenden a pensar lógicamente, a descubrir argumentos erróneos o débiles, a construir un buen caso sobre un tema controvertido y a superar el miedo demasiado común de hablar en público para que puedan pronunciar discursos nítidos y bien preparados.

La retórica en la universidad es un elemento fundamental de buena educación, para los estudios de Derecho. El pensamiento claro, el buen argumento y la discusión lógica son esenciales para el éxito académico de los estudiantes en cualquier disciplina y campo. Cuanto mejores sean los ensayos que escribas, mejor será tu calificación. Cuanto más fuertes sean las

---

27.　*Cfr.* SÁNCHEZ SÁNCHEZ, E. M., «La importancia de la dialéctica y la retórica como elementos indispensables en el aprendizaje discurso jurídico-fiscal en la universidad», en AA.VV., *Reflexiones actuales en torno a la dialéctica, la retórica y otros métodos en la formación del jurista*, Navarra, Aranzadi, 2022, pp. 341-346.

presentaciones que hagas, mayor será tu éxito académico. En consecuencia, la retórica no es solo palabras vacías o buenos discursos políticos, es la capacidad de pensar, razonar y argumentar con espíritu crítico, manejar con precisión el lenguaje técnico y diseñar o proponer soluciones jurídicas originales ante nuevas exigencias del ejercicio profesional que son habilidades importantes para cualquier abogado. Estas habilidades pueden ser desarrolladas a través de la práctica y la experiencia de los estudiantes.

Desde su fundación disciplinar aristotélica, la retórica es la ciencia del discurso, otorgando a ésta una finalidad persuasiva y teniendo como objeto los asuntos generales. Sin embargo, la utilización de la retórica y su utilización en el lenguaje con una finalidad persuasiva o estética además de comunicativa, apenas se enseña y practica en nuestro país. De ahí, que se haga necesario el resurgimiento de la retórica en las clases de Derecho Financiero y Tributario, apoyado además en su aplicabilidad en el mundo académico y en numerosos aspectos cotidianos de la vida, capaz de elevar nuestro discurso, de enriquecer la convivencia sobre la base de la discrepancia constructiva y la diversidad en la sociedad.

1. LA RETÓRICA EN LA ACTUALIDAD

Actualmente, el estudio de la retórica está diseñado para empoderarnos y decodificar los mensajes que nos rodean para que podamos examinar más críticamente nuestro lugar en el mundo y en relación con los demás. Lo que implica en el presente es analizar críticamente todo tipo de mensajes que vuelan hacia nosotros a cada momento. Esto se ha llamado una era de la información, incluso un momento de sobrecarga de información. Estamos saturados de imágenes y mensajes que requieren nuestra atención y, a menudo, nuestra complicidad o cooperación de manera continua a través de las tecnologías.

De este modo, la retórica en el siglo XXI da forma a nuestra vida cotidiana y nuestros lazos más íntimos, así como a las relaciones de poder, ya sea en políticas de género, identidades raciales y luchas antirracistas y globalización[28]. Desde lo más inmediato hasta lo global, la retórica está moldeando activamente nuestra experiencia y el mundo en el que vivimos. Nuestra tarea es aprender a decodificar e intervenir estratégicamente en

---

28.   SIMAS, E.N.; MILITA, K. and RYAN, J.B., «Ambiguous Rhetoric and Legislative Accountability», *The Journal of Politics*, vol. 83, issue 4, 2021. Retrieved from https://doi.org/10.1086/711405 [Accessed on 01/04/2024].

estos procesos, a través de la escritura, el habla, la cultura digital u otras prácticas diarias a través de las cuales creamos significado.

2. PARA QUÉ SE REQUIERE LA RETÓRICA

La retórica es muy importante para escribir y hablar bien en cualquier carrera universitaria que se elija. Asimismo, a la hora de buscar trabajo, las empresas prefieren contratar a personas que tienen buenas habilidades de comunicación, que sepas cómo presentar tus ideas, que conozcas como persuadir a la gente de que su empresa es la mejor en lo que hacen. Por tanto, excelentes habilidades para escribir y hablar, lo que las universidades llaman retórica, lo diferenciarán de sus compañeros en el mercado laboral y lo ayudarán a tener éxito.

El objetivo es aprender cómo encontrar y dar sentido a la información sobre todo lo que nos rodea, desde libros, cultura, ciencia y sobre todo en derecho fiscal y tributario. Para ello desde el aula de retórica, se debe mostrar como escribir documentos claros y persuasivos y dar excelentes presentaciones, para que pueda tener éxito en la universidad y en su carrera. Creando debates legales, guiándoles a contribuir a las discusiones y debates sociales, sabiendo que argumentos funcionan o no y, por qué.

Así, el pensamiento claro, el buen argumento y la discusión lógica son esenciales para el éxito académico de los estudiantes de cualquier disciplina y campo. Cuanto mejores sean tus ensayos, mejor será tu calificación. Cuanto más fuerte sea su presentación, mayor será su éxito académico. Cuanto más entiendas cómo criticar y analizar lo que lees y estudias, más fuerte será tu educación. Y cuanto más fuertes sean sus solicitudes de trabajo y de posgrado, mayores serán sus posibilidades de alcanzar sus metas como graduado para desarrollar sus habilidades mientras construye su futuro.

El Departamento de la Facultad de retórica de la Universidad de Iowa en Estados Unidos[29], combina las características clave de enseñanza y aten-

---

29. El campo de la retórica examina cómo y por qué ciertos mensajes, imágenes o modos de comunicación lo que llamamos «retórica») mueven a las audiencias o por qué el discurso de un candidato presidencial envía ondas a través de la nación mientras que el de otro fracasa, serían formas de tener en cuenta. La retórica ha sido descrita como el «arte de mover almas» y esto es tan cierto hoy como cuando Aristóteles lo dijo por primera vez hace 2500 años. La pregunta más difícil es: ¿Qué no es retórico? Incluso los objetos que parecen estar fuera del deseo de la humanidad de comunicarse, como árboles o montañas o la disposición de sillas en un aula, son todos sitios a los que los

ción a los estudiantes en la retórica, ayudándoles a entender el campo de la retórica moderna en la construcción de su trabajo futuro.

Sin embargo, la retórica no tiene buena fama debido al abuso que de ella hacen muchos personajes públicos, especialmente en la esfera política. Pero la retórica es mucho más que eso, es un conjunto de estrategias y herramientas capaces de elevar nuestro discurso y de enriquecer la convivencia sobre la base de la discrepancia constructiva y la diversidad.

A pesar de ello, la retórica está presente en programa educativos del mundo, pero no suele aparecer en prácticamente ningún programa de estudio de universidades españolas de derecho. Tampoco suele darse en nuestro país, que recibamos observaciones críticas sobre nuestras debilidades y fortalezas a la hora de comunicarnos, apenas se nos abre para nosotros el maletín de conceptos y técnicas que desarrollaron los griegos para elevar el lenguaje al más alto nivel estético y filosófico, para elevarlo más allá de un mero acto comunicativo. La retórica, constituye una laguna en nuestro sistema educativo universitario.

Es paradójico que, en el mundo universitario de derecho, donde se ejercita con intensidad la lógica y la argumentación, se ignora o desconoce el conjunto de herramientas que intervienen en un discurso. Con la separación artificial entre las ciencias y las letras no solo acabamos con la filosofía, sino que quedó erosionado el lenguaje científico hasta convertirlo en la expresión más básica de la información.

Quizás el estilo más elemental de comunicación está bien en revistas científicas, pero hay otros foros y circunstancias que tendrán que justificar un uso más elaborado del lenguaje hasta los científicos.

Esta necesidad ha sido entendida bien por algunas universidades del Reino Unido o Estados Unidos, por ejemplo, que forman a sus estudiantes de grado sobre como sintetizar sus trabajos e ideas en charlas, en espacios reducidos de tiempo de tan solo tres minutos, o incluso en la realización de mensajes de twitter[30].

---

humanos dan significado (*Cfr.* ATIENZA, M., «Retórica y Derecho», *Revista Española de Retórica*, núm. 0, 2023, pp. 21-34. Disponible en https://doi.org/10.25115/reret.vi0.8399 [Consulta: 01/04/2024]).

30. «La retórica ha estado desde sus inicios relacionada tanto con la política como con la ciencia. Mientras para los sofistas no existe una única verdad y su énfasis en la retórica se apoyaba en convencer de alguna de las cosas verosímiles que se pueden expresar con el lenguaje, para Platón, muy crítico con esta visión, la retórica forma parte de

III. LOS ELEMENTOS DE RETÓRICA Y ARGUMENTACIÓN COMO PARTE DEL ALMA DEL DERECHO EN LA FUNCIÓN JURÍDICO-TRIBUTARIA

En la actualidad estamos inmersos en una cultura de transparencia y de acceso eficaz a la justicia, incluida la tributaria, donde resulta indispensable una argumentación clara y eficaz que responda al trabajo de todos los órganos jurisdiccionales. Por ello, se estima poner a consideración de los estudiantes de las asignaturas de Derecho Financiero y Tributario, un nuevo enfoque que ofrece todos los elementos necesarios para llevar a cabo una argumentación crítica.

La premisa fundamental es reafirmar que la retórica es un elemento esencial en la argumentación jurídica, con el objetivo primordial de perfeccionar las habilidades argumentarías de todos los que en el futuro serán auxiliares y colaboradores del Poder Judicial, pero también, para todo abogado, estudiante o profesional que se acerque por ser la ciencia del discurso. Dentro de esta forma de entender la retórica, la sentencia resulta es un discurso retórico y como tal un vehículo privilegiado de comunicación para la solución de una controversia[31].

Sin embargo, en la literatura nacional aún no se aprecia un movimiento de reflexión y producción literaria paralela a la importancia que revisten los estudios sobre argumentación. Esta inquietud nos impulsa a emprender

---

un método dialéctico para descubrir verdades importantes. Aristóteles organizó las distintas ideas y reflexionó en profundidad sobre el arte de hablar y argumentar, teorizando de forma admirable sobre cómo persuadir. Pero fue Sócrates el principal maestro de la retórica griega; él la veía como un plan de formación integral de la persona capaz de una regeneración ética y política de la sociedad. En la formación de un noble o de un emprendedor del renacimiento, como la que recibió Hernán Cortés en la Universidad de Salamanca, por ejemplo, la retórica era fundamental» (*Cfr.* VEGA LÓPEZ, J., «El Derecho como práctica y las dimensiones de la argumentación jurídica», *Doxa, Cuadernos de Filosofía del Derecho*, núm. 46, 2023, pp. 435-440. Disponible en https://doi.org/10.14198/DOXA2023.46.25 [Consulta: 01/04/2024]).

31. CRASNIC, L., «Resistance in tax and transparency standards: small states' heterogenous responses to new regulations», *Review of international Political Economy*, vol. 29, issue 1, 2022. Retrieved from https://doi.org/10.1080/09692290.2020.1800504 [Accessed on 01/04/2024]. Al referirse a la retórica, se afirma: «*que el pensamiento retórico puede mostrarnos las distintas operaciones que componen el complejo proceso del razonamiento jurídico, subrayando los prejuicios, tradiciones y valores que explican en parte el sentido de las decisiones judiciales, sobre todo en los casos difíciles*» (PRIETO SANCHÍS, L., *Ideología e interpretación* jurídica, Tecnos, Madrid, 1987, p. 53). Como puede observarse, la retórica presta un servicio de transcendental importancia en virtud de que, en nuestro sistema, los razonamientos jurídicos se plasman, casi en su totalidad por escrito.

este trabajo con la finalidad de informar con la mayor amplitud posible sobre la eficacia en la vida del derecho, aportando los elementos indispensables para lograr una argumentación exitosa. Sin estos elementos fundamentales para la exposición oral o escrita de un texto argumentativo, como son los conectores lógicos del lenguaje, simplemente no puede haber una argumentación que pueda desarrollarse de forma correcta.

De este modo, el lenguaje es el instrumento habitual de trabajo de cualquier persona que se relacione con la materia jurídica, por lo tanto, conocer y saber utilizar los conectores lógicos del lenguaje resulta indispensable para realizar una idónea argumentación. En consecuencia, los Jueces, Abogados (por ej. con especialidad en fiscalidad), entre otros, deben tener un adecuado manejo del lenguaje para realizar una adecuada argumentación y también, de una teoría básica de los efectos de la retórica, al entender ésta como una teoría de la argumentación[32] y la ciencia del discurso.

Esta inquietud, de modo especial en lo que se refiere a la argumentación jurídica, data de mediados del siglo XX y, se ven reflejados en el libro *«Topik und Jurisprudenz: ein Beitrag zur rechtswissenschaftlichen Grundlagenforschung* de 1974, que sin duda representa una de las obras más importante de VIEHWEQ»*[33], incitando discusiones sobre problemas de argumentación. Desde entonces, los estudios contemporáneos sobre argumentación jurídica han sido el detonador que ha generado muchas consideraciones sobre las bondades de la rehabilitación y el que hacer de la retórica en cualquier disciplina como elemento necesario que subyace en toda argumentación. No debe olvidarse al respecto, que el nacimiento de la retórica surge de la mano de las controversias jurídico-tributarias.

En cualquier caso, al igual que como en toda obra humana, la argumentación es y será siempre perfectible, como parte sustancial del espíritu que nos

---

32. *Vid.* ABDOOL KARIM, S.; KRUGER, P.; MAZONDE, N.; ERZSE, A.; GOLDSTEIN, S. and HOFMAN, D., «Stakeholder arguments during the adoption of a sugar sweetened beverage tax in South Africa and their influence: a content analysis», *Global Health Action*, vol. 16, issue 1, 2023. Retrieved from https://doi.org/ 10.1080/16549716.2022.2152638 [Accessed on 01/04/2024]. «La argumentación jurídica es un ingrediente importante e incluso indispensable de la experiencia jurídica, prácticamente en todas sus facetas: tanto si se considera la aplicación como la interpretación o la producción del derecho; y tanto si uno se sitúa en la perspectiva del juez como en la del Defensor y/o Fiscal, el teórico del derecho o el legislador» (ATIENZA, M., *El Derecho como argumentación*, Ariel, Barcelona, 2012, p. 67).

33. VIEHWEG, T., *Topik und Jurisprudenz: ein Beitrag zur rechtswissenschaftlichen Grundlagenforschung*, fünfte Ausgabe, Beck, Múnich, 1974, p. 5.

debe llevar a reflexionar sobre los temas esenciales, que con el mayor entusiasmo redundará en una mejor impartición de justicia en beneficio de todos.

La virtualidad de la argumentación consiste en fomentar una idea o reflexión con el interés de innovar los procedimientos didácticos para enseñar su disciplina alegando una serie de conocimientos que la apoyan, en donde la persuasión es el elemento fundamental. Es, por tanto, un proceso discursivo utilizado para defender una postura y demostrarla mediante la exposición de razonamientos, con el propósito de influir en la persona a quien va dirigida, de manera que cambie de opinión y adopte un determinado comportamiento a través del entendimiento.

Durante muchos años, la retórica se presentaba como un arte de persuasión de la palabra, opuesto a la verdad. De ello se deduce la importancia que tiene la retórica en el ámbito del conocimiento. En la práctica, la retórica contemporánea es útil para abogados. Sin embargo, sobre este término suelen existir ideas equivocadas, cuando no falsas, entre los profesionales del derecho, lo que da lugar a una actitud de menosprecio por esta disciplina trascendental.

En consecuencia, el estudio de la retórica no es solo esencial en la argumentación jurídico-tributaria sino en la formación general de todo estudiante de Derecho, en especial de Derecho Financiero o Tributario, como abogado y máxime del Juez y, asimismo, para el aspirante a juzgador, es indispensable y necesaria para la sólida expresión oral y escrita que requieren los argumentos en el ámbito jurídico-tributario.

La retórica, desde su fundación es una disciplina práctica que abarca la maestría del buen decir y la ciencia del discurso, para virtualizar el arte de expresarse con corrección, eficacia y embelleciendo la expresión de los conceptos y dando al lenguaje escrito y hablado el efecto necesario para otorgar a éste una finalidad persuasiva, teniendo como objeto los asuntos generales. La reflexión teórica sobre la retórica surge tiempo después, ante la necesidad de sintetizar y profundizar en los aspectos que, de manera práctica, se empleaban, llegando a ocupar un lugar importante en el sistema educativo medieval que hasta el romanticismo su significación fue crucial dentro de las disciplinas humanísticas, con el deseo de perfeccionar la eficacia de la palabra para valerse de ella en los tribunales y en las decisiones políticas[34].

---

34. Como ha podido observase que la retórica ha tenido un impulso inusitado en los siglos XX y XXI hasta nuestros días en el campo del Derecho y, es materia de continuo examen

1. LA IMPORTANCIA DE LA RETÓRICA EN LA TEORÍA Y EN LA PRÁCTICA FISCAL DE LA ARGUMENTACIÓN

En verdad, los pensamientos favorables hacia una eficiente recuperación de la retórica genérica han comenzado a ser amplios y acreditados. La importancia de la retórica en la teoría y en el ejercicio de la argumentación si se reflexiona en el examen de los tipos de argumentos más usuales en el Derecho y en especial, el Derecho Financiero y Tributario, ya sea en las resoluciones judiciales (o también por ejemplo en la doctrina del TEAC), se observa el ingrediente retórico de muchos de ellos, máxime si se entiende la retórica como la ciencia del discurso que permite estructurar los argumentos para persuadir o, en su caso, convencer a un público determinado[35].

De ello se desprende la trascendencia que tiene la retórica en las distintas teorías de la argumentación, desde el punto de vita lógico, teniendo en cuenta que el derecho se expresa por medio del lenguaje y, que no siempre es claro y libre de ambigüedades en los textos legislativos y en las propias resoluciones judiciales (o por ej. doctrina del TEAC), que añaden dificultades para su interpretación.

Con ello, el papel de la retórica ha crecido hasta cristalizarse en un valor de análisis indispensable para el diálogo al proponer una teoría del discurso basada en los esquemas argumentativos como eje principal de los contenidos relacionados con el contexto de enunciación y con la naturaleza del público. La buena retórica educativa es la facultad de guiar a los estudiantes por el buen camino de los razonamientos, no solo en los tribunales y en reuniones populares, sino también en las conversaciones privadas.

---

en las nuevas teorías de la argumentación que hoy está en construcción. Se trata pues de una nueva retórica que busca una validez académica, que abra nuevos horizontes en el campo del derecho. La estrecha relación que guarda la retórica con el derecho viene desde el nacimiento de ésta, por las necesidades prácticas, en especial las que se refieren a la solución de conflictos relacionados íntimamente con la política y el derecho, aunque nunca ha dejado de existir, dado que el lenguaje legislativo o jurídico en ocasiones resulta ambiguo y necesita de una interpretación. Véase MIRAS MARÍN, N., «La base de datos de resoluciones de consultas tributarias como herramienta de innovación docente», REJIE: Revista jurídica de Investigación e Innovación educativa, núm. 21, 2020, pp. 45-46 y HERNÁNDEZ GUERRERO, J. A. y GARCÍA TEJERA, M. C., Historia breve de la retórica, Síntesis, Madrid, 1994, pp. 1-10.

35. CARRIÓN MORILLO, D., «El valor esencial que el investigador puede aportar a las clases de Derecho financiero y tributario», en AA.VV., *Elementos de innovación docente en ciencias sociales, jurídicas y otras disciplinas con contenido normativo*, Madrid, Dykinson, 2023, pp. 99-100. *Cfr.* RACIONERO CARMONA, Q., *Aristóteles: Retórica*, Gredos, Nueva Biblioteca Clásica núm. 39, Barcelona, 2022, pp. 5-25.

En un principio, la enseñanza de la retórica se centró en el género judicial por la creencia de que quien supiera dominar una situación procesal, sería capaz de actuar con destreza en cualquier otra disciplina o circunstancia. Sin embargo, para que la retórica pudiera ser considerada como arte, debía transmitir conocimientos verdaderos, conocer la persona que le escucha y dirigir el tipo de discurso que más le conviene a su carácter y, además, debe estar bien organizado[36].

Pero actualmente, las enseñanzas de la retórica son utilizadas más en publicidad, la academia, la política, así como en la defensa de puntos de vista durante los juicios civiles, por otro lado, gracias a las nuevas tecnologías audiovisuales se puede hablar de una retórica de la imagen, ya que mediante una imagen o video podemos hablar sobre algo utilizando figuras retóricas como metáfora, metonimia, personificación, etc. Entonces siendo la retórica una de las antiguas artes del discurso, también representa la disciplina transversal a distintos campos del conocimiento como en la ciencia, la literatura, ciencias políticas, publicidad, o periodismo, derecho (por ej. con especialidad en tributario), entre otras.

Contemporáneamente, dentro del campo legal, el poder judicial utiliza la retórica como una capa de estudio académico para ayudar a dar forma al pensamiento crítico y las habilidades argumentativas (otro ejemplo es el del TEAC en su doctrina tributaria). En cualquier estudio académico o profesional, hay fundamentos que ayudan a desarrollar la disciplina, tal y como la vemos ahora convertida. En el estudio del derecho, esos fundamentos están arraigados en la retórica y se basan en ella, lo que puede despertar el interés de los estudiantes. Además, los estudios ayudan a los estudiantes de derecho a interpretar mejor la Ley tal como está escrita y como se entiende. Asimismo, el abogado podría transmitir verbalmente su punto de vista en una sala de audiencias de manera más eficiente y significativa, dados los antiguos métodos retóricos que se pueden practicar hoy en día.

2. LA ARGUMENTACIÓN RETÓRICA EN EL ÁMBITO DEL DERECHO FINANCIERO Y TRIBUTARIO

Debido a la variedad y características de los asuntos tratados en el ámbito jurídico-tributario y a la diversidad de auditorios a los que incumbe la argumentación jurídica, la práctica fiscal del derecho reside de manera

---

36. «El arte del bien decir con el fin de darle al lenguaje escrito y hablado eficacia para persuadir, describir o representar» (RACIONERO CARMONA, Q., *op. cit.*, p. 13).

fundamental en argumentar y, todos podemos convenir en que la principal cualidad que debe manifestar un buen abogado profesional sea la capacidad para idear y manejar argumentos con habilidad. La argumentación jurídica necesita tener una gran versatilidad e incluir argumentos de los más variados, entre los que se encuentra la argumentación retórica.

En el ámbito profesional tributario, al igual que en muchos otros, se percibe un mundo que cambia cada vez más aceleradamente. Frente a las nuevas circunstancias actuales la práctica del derecho consiste, de manera fundamental en argumentar, entendida como el conjunto de argumentos utilizados por los juristas que tiene una gran variedad de posibles auditorios, por ocuparse de asuntos que conciernen a todos los miembros de la sociedad[37].

Argumentar, es sin duda una de las habilidades más importante que todo buen abogado (con especialidad en fiscalidad) ha de saber desarrollar, por ello, los estudiantes de las asignaturas de Derecho Financiero y Tributario deben estar los suficientemente preparados para poder llevar a buen término los asuntos que se encuentren bajo su protección. Se ha de argumentar con gran sentido común según sea necesario en cada práctica y, considerar adecuarse al tipo de objeto en cuestión de esta. En efecto, no cabe conformarse con argumentaciones persuasivas cuando el asunto a tratar exige una demostración y, tampoco se debería exigir argumentos indiscutibles cuando lo que se trata de expresar con simpleza la sensatez o aceptabilidad de una opinión. Por tanto, hay que tener en cuenta la naturaleza de la cuestión y definirla por los fines que persigue quien argumenta y por el auditorio hacia el cual se dirige la argumentación, siempre con gran calidad.

En este punto, me parece que por la heterogeneidad de las prácticas con las que debe llevar a cabo el estudiante de Derecho Financiero y Tributario, lo más favorable sería que éste sea capaz de manejar una amplia gama de argumentos tanto para los supuestos prácticos más rigurosos, como para los simplemente aceptables o persuasivos. En este punto, cabe precisar que, por la complejidad del discurso jurídico, se deben interpelar casos prácticos fiscales para éstos con la versatilidad suficiente para poder dirigirse a todos, ya sea a estudiantes que compartan mismos conocimientos y habilidades,

---

37. PERELMAN, C., *La lógica jurídica y la nueva retórica*, Olejnik, Argentina, 2019, pp. 100-105. *Cfr.* MCGEE, R. W., «A Chat with ChatGPT about Tax Evasion and Government Funding of Education», *Social Science Research Network,* 2023. Retrieved from https://ssrn.com/abstract=4465719 [Accessed on 01/04/2024].

como cuando se trata de un otros Dobles Grados que en ocasiones pueden ser menos comunes.

Es innegable que la retórica como habilidad argumentativa y arte de persuasión, tiene a partir del reciente cambio que se está dando, en muchos países hacia la práctica del juicio oral como para la atención al cliente tributario, con mucha más eficacia para los juristas y fiscalistas a la hora de sus destrezas de persuasión y argumentación por los cambios producidos desde la incorporación de la oralidad en los procesos penales económicos, lo que trae consigo el beneficio de poder elaborar argumentaciones retóricas, sino también un incremento en la capacidad argumentativa de manera eficiente, para así lograr el convencimiento del tribunal.

Cabe recordar cómo hemos indicado que la argumentación debe ser acorde no solo con el tema que se trate, sino también con el auditorio de estudiantado al cual se dirige, pero en nuestro mundo actual donde el derecho (en nuestro caso, el financiero y tributario)[38] se ejerce cada vez más en sociedades democráticas, sería conveniente que el abogado tuviese presente que su argumentación no solo llegará a sus destinatarios más directos, como el juez y las partes en litigio, sino que también llegará a multitud de oyentes indirectos, como los clientes, en aquéllos especializados en fiscalidad.

De este modo, las decisiones judiciales deben atender a tres auditorios distintos que se corresponden entre las partes y el juez en el proceso legal, los profesionales del derecho y, la opinión pública, que tendrá repercusión a través de la prensa y de las reacciones legislativas que se susciten frente a las sentencias de los tribunales. No obstante, aun cuando la argumentación del abogado llegue a muchas más personas que aquellas que constituyen formalmente sus destinatarios, eso no significa que deba esforzarse por convencerlos a todos. Pero como los beneficios de la argumentación retórica no se limita al convencimiento, esta aptitud abonaría muy poco a la certeza jurídica de la sociedad y tampoco, ayudaría a un ambiente de estabilidad social, más o menos libre de controversias e impugnaciones. En todo caso, no solo se debe procurar que las decisiones sean justas, sino que así lo parezcan, en la forma en que la justificación de la decisión se relaciona con el proceso de toma de decisiones por parte del juez.

---

38. LACAMBRA ORGILLÉS, R., «La digitalización de la Administración tributaria», en AA.VV., *Aproximación a la eAdministración*, Zaragoza, Universidad de Zaragoza, 2022, p. 136.

En términos generales, el texto argumentativo tiene como propósito rebatir las opiniones contrarias, para convencerles de la verdad existente en la opinión que se sostiene, con el fin de persuadir al receptor y pueda servir como fundamento de la prueba o manifestar que son más rigurosas, lo que no siempre es fácil distinguir en las distintas tipologías de argumentación. En el argumento retórico el aspecto más importante es su capacidad de convicción, que se realiza a través de la persuasión. Es por ello, que se debe tomar en consideración las personas a quienes se dirigen los argumentos.

Es evidente, que la argumentación jurídico-tributaria es un campo de investigación distintivamente multidisciplinario. Por ello, se sitúa como una parte especial del razonamiento jurídico-tributario, teniendo en cuenta que las respuestas que se ofrecen por parte de quien investiga una cuestión jurídica pueden ser ciertas o no, por lo que solamente pueden ser consideradas como correctas o simplemente adecuadas para resolver las prácticas universitarias de las asignaturas de Derecho Financiero y Tributario[39].

La conclusión a la que se arriba es que los argumentos son las razones aducidas en la justificación de la interpretación de un texto jurídico-tributario (doctrinal o normativo), conocido como argumentación jurídica. Esto presenta al creciente grupo de académicos y estudiantes interesados un problema de acceso, ya que, incluso para aquellos activos en el campo, no es común haber adquirido una familiaridad con aspectos relevantes de cada disciplina en esta matriz multidisciplinaria.

3. METODOLOGÍA DE LA ARGUMENTACIÓN Y SU APLICACIÓN EN EL RAZONAMIENTO JURÍDICO-TRIBUTARIO

La argumentación jurídica cumple una función de justificación, entendiendo que justificar una decisión jurídica es dar razones que demuestren que tales decisiones en cuestión aseguran la justicia de acuerdo con el derecho. Un aspecto fundamental de esta teoría en la justificación de las conclusiones jurídicas es integrado por la justificación externa, que está relacionada con la racionalidad de la decisión jurídica, la cual se encuentra justificada cuando sus propuestas logran ser acreditadas como virtuosas según los estándares utilizados por quienes hacen la calificación.

---

39.   GARCÍA GUERRERO, D., «Métodos de enseñanza-aprendizaje del Derecho Aduanero en las asignaturas de Derecho Financiero y Tributario», en AA.VV., *Elementos de innovación docente en ciencias sociales, jurídicas y otras disciplinas con contenido normativo*, Madrid, Dykinson, 2023, pp. 205-222.

En los últimos años, los métodos para la enseñanza y el aprendizaje de la argumentación se han convertido en un objetivo educativo significativo. La argumentación como parte de un discurso jurídico en materia de jurisprudencia de derecho es relevante tanto en la investigación como en la toma de decisiones, por su carácter de fundamentación y justificación, al demostrarse que la sociedad actual exige no solo decisiones dotadas de autoridad, sino que pide razones para maximizar el control público de una decisión, por resultar fundamental que la argumentación de una decisión jurídica se encuentre justificada, haciendo énfasis en la sentencia. Ello, porque la justificación brinda certeza no solamente a quien emite una opinión, sino también al auditorio.

La interpretación es la reconstrucción del contenido de la ley, porque el enunciado normativo que a veces se recoge en las sentencias no es del todo claro, por lo que considera que estos métodos permiten culminar la misión de la interpretación que trasciende sobre la restauración del concepto expresada en la ley, en cuanto es comprensible a partir de la ley[40]. En esta misma metodología se estableció los parámetros de los cánones de interpretación que eran indispensables para la labor del jurista y, estos serían el gramatical, el lógico y el sistemático. Sin embargo, dentro de los diferentes métodos para la comprensión y aplicación del derecho, se hace énfasis en el lingüístico, que es el aspecto principal por el cual el intérprete debe comenzar a realizar su análisis.

La argumentación jurídica y tributaria como criterio de legitimación sirve para resolver nuestras diferencias de forma legítima, en la necesidad de que una correcta práctica argumentativa lleva a construir enunciados e hipótesis ordenados y coherentes con las pretensiones que se sustentan. Asimismo, los objetivos de justificación brindan certeza al ofrecer razones suficientes para sostener y justificar una opinión sobre el sentido del derecho en una decisión de tal magnitud. En la medida en que el público pueda conocer las técnicas argumentativas utilizadas, mejorará loa comprensión del destinatario de una decisión para poder formular refutaciones razonables cuando no esté de acuerdo, si cuenta con elementos claros y precisos para ello. Esta transparencia es una oportunidad que brinda al lector de realizar un ejercicio de reflexión crítica respecto de la investigación fiscal, con mejores prácticas argumentativas.

---

40. SAVIGNY, F. K., *Metodología jurídica*, Valleta Ediciones, Buenos Aires, 2004, p. 13.

Es muy importante para los estudiantes de Derecho Financiero y Tributario[41] concebir que la argumentación jurídica consiste en una disciplina que estudia como exponer ordenadamente las razones de tipo jurídico, para defender una determinada postura relacionada con este ámbito jurídico, donde los argumentos deben estar amparados en el Derecho, es decir, en las leyes y otras normas jurídicas, jurisprudencia, etc. Por tanto, la argumentación jurídica debe usarse dentro del ámbito universitario, desde el estudio de la carrera de Derecho y otras relacionadas, en la elaboración de la tesis y en trabajos académicos o publicaciones.

Ciertamente, es en el entorno judicial donde la argumentación jurídica y tributaria representa uno de los aspectos más importantes para la redacción de demandas, en la realización de alegaciones ante un tribunal e indiscutiblemente para dictar sentencias judiciales, entre otros. Por ello, los futuros abogados, jueces y profesiones de este ámbito deben conocer y dominar las distintas técnicas de argumentación jurídica como son buenas razones para justificar los significados atribuidos a los enunciados normativos objeto de interpretación. En este sentido, para aquellos estudiantes de Derecho Financiero y Tributario que tengan pensado preparar oposiciones, saber argumentar de forma sólida amparada en la ley, es una habilidad muy útil.

Dado que en el ejercicio de la abogacía es muy importante argumentar (justificar y dar razones por las que se ha tomado una determinada decisión), no sería innecesario que los abogados con conciencia profesional sintieran cierta curiosidad por el desarrollo de los estudios sobre razonamiento jurídico, debido al creciente interés que el argumento tiene en la práctica jurídica de cualquier Estado democrático constitucional. En este sentido dotar a los estudiantes de tributario universitarios de las herramientas necesarias que les permitan desarrollar sus habilidades para enfrentar el razonamiento jurídico, proporcionaría una experiencia y disciplina positiva en estas cuestiones.

Por tanto, la argumentación es de vital importancia para el derecho en general y el tributario en particular, cuya aplicación implica la deliberación sobre la determinación de hechos pasados inciertos, así como la interpre-

---

41.   FERNÁNDEZ DE MOYA ROMERO, J. E., «La enseñanza del Derecho Financiero y Tributario en el Grado de Gestión y Administración Pública», en AA.VV., *Desafíos actuales de la innovación docente en las ciencias jurídicas y sociales*, Madrid, Dykinson, 2022, p. 79.

tación y aplicación de las normas jurídicas generales derivadas de casos particulares, teniendo en cuenta los valores y principios pertinentes[42].

Por ello, a partir de un punto de vista basado en la argumentación, la justificación de una decisión jurídica puede verse como una estructura argumental destinada a mostrar que la decisión será correcta o no correcta, de acuerdo con una reconstrucción convincente de hechos y normas. Las justificaciones son omnipresentes en el derecho, ya que, como se ha señalado, los responsables de la toma de decisiones jurídicas y tributarias suelen estar obligados a proporcionar públicamente fundamentos racionales de la corrección normativa de sus decisiones (al menos en el caso de las importantes). También se pueden presentar justificaciones, posiblemente integrando las originales, en un momento posterior, por aquellos que estén de acuerdo con tales decisiones y quieran proporcionar otras razones que las respalden.

Asimismo, desde una perspectiva razonadora y argumentativa, podemos pensar que los argumentos se pueden utilizar para inferir, emitir o adoptar normas y, para determinar cómo se relacionan las normas entre sí, por ejemplo, para establecer cuándo una norma puede anular a otra en caso de conflictos, presentar un reconocimiento de normas y jerarquías, para proponer e implementar revisiones a los sistemas legales como es un cambio de norma o simplemente, utilizarse para avanzar en las interpretaciones de las disposiciones jurídico-tributarias, apoyándolas en contra de interpreta-

---

42. Se considera que la resolución de problemas jurídicos implica interacciones dialécticas y, de hecho, adversariales en las que se despliegan diferentes formas de razonamiento: inferencias probabilísticas, deductivas y presuntivas, el uso de analogías, apelaciones a precedentes y políticas, y el equilibrio de intereses. Una pregunta de investigación abierta, que está llamando cada vez más la atención en la literatura, es la investigación conceptual y formal de la relación entre justificación y explicación de las decisiones jurídicas, especialmente, cuando las normas son cruciales en el proceso de razonamiento. Un reto de investigación pendiente referido a la relación entre la «justificación de los argumentos jurídicos» y la «explicación de las conclusiones normativas», para distinguir y vincular estos modelos a los conceptos de justificación y explicación, se puede entender que la conexión de los argumentos que justifican una decisión, sobre la base de hechos y normas, también proporcionan una explicación de la misma decisión. Hecho que también ha surgido en la comunidad de IA y Derecho donde se ha trabajado hacia la explicación, ya que tanto la transparencia como la justificación de la toma de decisiones legales (automatizada) y también el asesoramiento jurídico, resultan ser un proceso complejo y requieren proporcionar explicaciones para las posibles toma de decisiones por los responsables, normalmente los jueces. (SARTOR, G. and ROTOLO, A., «Argumentation and explanation in the law», *Frontiers in Artificial Intelligence*, vol. 6, 2023. Retrieved from https://doi.org/10.3389/frai.2023.1130559 [Accessed on 01/04/2024]).

ciones alternativas, en casos de ofrecer soluciones jurídicas diferentes para el mismo caso o diferentes cánones interpretativos que son aplicados a la misma disposición pero que ofrecen soluciones jurídicas diferente en un mismo caso.

Se ha razonado que el derecho en sí mismo puede describirse como un marco de argumentación complejo para determinar la forma en que las normas interactúan entre sí en los sistemas jurídicos y abordar los conflictos entre normas, dando las formas de resolverlos a través de los desafíos entre las normas jurídicas y las razones que las sustentan, para evaluar argumentos a favor y en contra de posibles decisiones que constituyen las explicaciones, centrando la atención en articular las relaciones entre la justificación de los argumentos y las explicaciones.

En consecuencia, la argumentación jurídica y tributaria[43] en el mundo del derecho es una cualidad analítica que permite a los profesionales del derecho presentar sus casos de manera persuasiva y coherente, ya que puede influir en cómo se interpretan las leyes en la toma de decisiones jurídico-tributarias y, lograr inclinar la balanza a favor de una posición legal. Mediante una formación especializada en argumentación jurídica, los estudiantes y profesionales del derecho, en nuestro caso, del Derecho Financiero y Tributario, pueden mejorar su capacidad para elaborar argumentaciones jurídicas más efectivas y convincentes, no solo para ganar el caso, sino también para contribuir a la evolución y desarrollo de la jurisprudencia y las resoluciones tributarias.

IV. LA FASE ARGUMENTATIVA DE LA POLÍTICA FISCAL Y TRIBUTARIA

La argumentación jurídica no solamente ha cobrado una enorme relevancia para quienes ejercen la función jurisdiccional, sino que también está en el interés de todos los juristas, abogados y estudiantes de Derecho, en nuestro caso de Derecho Financiero y Tributario. Naturalmente para los jueces es absolutamente importante que haya una virtuosa formación argumentativa dado que en buena medida la argumentación es lo que da soporte y fundamento a su labor, pero también en el ámbito fiscal, a la hora de emitir resoluciones por el TEAC y los TEAR, por ejemplo.

---

43. NAVARRO SCHIAPPACASSE, M. P. y TOLEDO ZÚÑIGA, P., «Función de la norma general antielusión en la interpretación tributaria», *Díkaion*, vol. 32, núm. 1, 2023. Disponible en https://doi.org/10.5294/dika.2023.32.1.11 [Consulta: 01/04/2024].

La argumentación es una habilidad de ver como de una mera lógica o formal se puede avalar la experiencia sobre un procedimiento jurídico, en un contexto contemplado por un proceso de justificación, donde se ubica la argumentación jurídica para sustentar un razonamiento jurídico. Por tanto, la argumentación lo que hace es avalar el razonamiento, para que la inteligencia del operador jurídico-tributario la emplee de una mayor forma o destreza.

De la misma manera, la argumentación jurídico-tributaria se ha vuelto algo mucho más complejo en el modelo constitucional de Derecho. Una de las características más importantes de la argumentación jurídica para los estudiantes universitarios de Derecho, en especial, Derecho Financiero y Tributario, es que deben saber que si quieren ser efectivos o buenos con la argumentación, deben ser buenos comunicadores. Esta capacidad comunicativa se despliega en dos diferentes niveles, uno que deben escribir correctamente y, otro, que también deben hacerlo a través de la argumentación oral en los juicios orales o escrita a la hora de redactar escritos en los procedimientos tributarios.

La contemporánea argumentación jurídica[44] después de los razonamientos que se han ido gestando en los últimos tiempos, responde a la búsqueda de las mejores formas de sustentar racionalmente una resolución o bien las pretensiones que los postulantes pretenden para generar un asunto jurídico. El objetivo de la argumentación consiste en exponer ordenadamente razones de tipo jurídico para defender una determinada postura relacionada con el ámbito del Derecho. Se trata de persuadir y convencer de lo que se quiere lograr, cuando se argumenta se pretende trasladar una idea o planteamiento para que la persona que escucha adopte nuestro punto de vista.

En la actualidad, una de las cualidades más importantes que debe tener todo abogado es la capacidad de comunicar ya sea de forma escrita u oral, en un esfuerzo para ser claros en las demandas que se redactan, en contestaciones, en las sentencias por parte de los jueces y de manera específica con el uso del lenguaje.

Una manera en la cual están todos comprometidos es innovar, generando una bibliografía de la argumentación jurídica y tributaria, poniendo en el centro de los planes de estudio la práctica de la argumentación, para

---

44. ALEXY, R., *Teoría de la argumentación jurídica*, Palestra, Lima, 2017, p. 5.

que los estudiantes universitarios sean capaces de lograr articulación en la práctica fiscal de capacidades argumentativas y generar buenos abogados con gran capacidad argumentativa. La argumentación jurídica se utiliza fundamentalmente en el ámbito académico, dentro del estudio de la carrera de Derecho y otras relacionadas, en la elaboración de tesis o trabajos académicos para su publicación posterior, etc. Otro contexto que puede usarse es en el entorno judicial, indudablemente uno de los aspectos más importantes en la redacción de cualquier tipo de documento, sentencias judiciales, alegaciones y demás. En este sentido, deben saber que, en las oposiciones de Justicia, saber argumentar de forma sólida y amparándote en la ley. A su vez, también en las asignaturas de Derecho Financiero y Tributario, sobre todo en la materia de procedimientos, con ello aumentan la calidad de sus prácticas fiscales.

Para aprender a argumentar no basta con la teoría, sino que hay que practicarla. Aprender la teoría puede ser muy importante, pero hasta que no se ponga en marcha practicar sus pautas, no lo van a entender. Por ello, argumentar se aprende practicando, haciendo casos tributarios con una retroalimentación de como ir argumentado, esta es la pauta de aprender a argumentar con experiencia, a través de talleres de argumentación para experimentar, dado que el primer reto de un abogado nuevo es aprender a argumentar.

En definitiva, aunque realizar una buena argumentación jurídico-tributaria requiere práctica y una formación adecuada, no tiene por qué resultar complicada, dado que también puedes mejorar tus razonamientos poco a poco.

La política fiscal y tributaria se desarrolla en una marea de opiniones enfrentadas. La principal fuente de controversia es el conflicto de intereses provocado entre grupos económicos diferentes, aunque a menudo coincidentes, como empresarios, trabajadores industriales, agricultores, acreedores, deudores, propietarios, personas con grandes ingresos, personas con pequeños ingresos, etc. Se supone que los miembros del Gobierno son los principales responsables de la política fiscal y deben representar los intereses de todo el público en general, dado que son elegidos sobre la base de todo el territorio nacional y no representan, al menos formalmente, intereses económicos específicos.

En efecto, cada grupo económico se esforzará por trasladar parte de su carga a otros grupos mediante cambios legislativos favorables. El arte de la política fiscal consiste en persuadir a la mayoría necesaria de los responsables para decidir sobre las cuestiones fiscales de determinada manera para lograr sus fines, atendiendo a las consideraciones que llevarán a tomar una decisión favorable, pero algunas pueden tener poca relación con el interés público. Incluso hay factores irracionales y subconscientes como el intercambio de votos por otras medidas o los intereses personales de los contribuyentes que puedan prevalecer sobre el fondo de una cuestión fiscal en la decisión final. Los discursos, los informes y los comunicados de prensa son métodos para presentar estos argumentos al público, destinados a demostrar por qué las propuestas fiscales deben ser aprobadas.

Así, el desarrollo y la presentación de los argumentos es un elemento fundamental en el arte de la política fiscal. El propósito de la argumentación es persuadir al responsable político de que la adopción de una propuesta fiscal beneficiaría económicamente a sus defensores y promovería el interés público. Es a estos objetivos de interés público indirectos y algo sutiles a los que suelen dirigirse los argumentos, para situarse en relación con el bienestar público. La evolución de los métodos tributarios ha sido en gran medida el resultado de la búsqueda de mejores formas de distribuir las cargas fiscales en términos de equidad y justicia fiscales.

Lograr el equilibrio de la equidad es un objetivo principal de toda acción social y debe ser una consideración importante en las decisiones de política fiscal. Por ello, la evolución de los métodos impositivos ha sido en gran medida el resultado de la búsqueda de mejores formas de distribuir las cargas fiscales. La equidad fiscal se obtiene cuando los iguales reciben el mismo trato[45], es decir, cuando se imponen las mismas cargas tributarias a personas en la misma posición económica, mientras que la justicia fiscal se logra cuando las cargas relativas sobre las personas que no son iguales en su posición económica, en la consecución de aplicar las leyes fiscales uniformemente y conseguir la eliminación de las desigualdades.

En cierta forma, la justicia y la equidad fiscales miran al pasado e intentan dar a cada persona lo que le corresponde en función de lo ocurrido en el pasado. Lo que significa que la equidad fiscal consiste en la aplicación y administración uniformes de las leyes fiscales y en la eliminación de privilegios y dificultades especiales.

---

45. MASBERNAT, P. y RAMOS FUERTES, G., «Derechos humanos y sistema tributario», *Revista de Educación y Derecho*, núm. 27, 2023. Disponible en https://doi.org/10.1344/REYD2023.27.42498 [Consulta: 01/04/2024].

1. LA SIGNIFICACIÓN DE LA ARGUMENTACIÓN EN UNA PROPUESTA FISCAL

Una propuesta fiscal puede llevar a fomentar o destruir un nivel elevado y estable de producción de empleo, de ello deriva que la prosperidad de un país es un objetivo fiscal prioritario, por lo que las medidas para promover el bienestar siempre miraran al futuro, que es el período donde se aplicarán y deberán operar. El conflicto deriva en parte, al estimar que un nivel alto de producción y un nivel alto de empleo no van inevitablemente unidos, porque vienen determinados por una combinación de muchos factores diferentes y cualquiera de ellos, en una situación dada, puede limitar la cantidad de producción o empleo.

En consecuencia, cualquiera de estos factores más importantes puede ser, la oferta de capital, la tecnología y los conocimientos técnicos, la libertad de los mercados, la cantidad y forma de los recursos naturales, el volumen de poder adquisitivo en manos de los consumidores, o los incentivos y expansión de las empresas entre otros. Cada uno de estos manifestantes podría argumentar que su posición promovería un nivel alto y estable de producción y empleo, aunque argumentaran en lados opuestos de una propuesta fiscal, podrían estar haciendo hincapié en factores diferentes, en cuyo caso no se daría una verdadera coincidencia de opiniones.

El bienestar de cualquier empresa puede ser una cuestión tanto de interés privado como de interés público, de ahí, que el fomento de determinadas industrias y formas de negocio pueda ser un uso indeseable del poder tributario, teniendo en cuenta, que la propuesta fiscal reprimirá el consumo socialmente indeseable, por ejemplo, cuando se adopta una postura por parte del gobierno respecto a lo que consume el público, en impuestos sobre los estupefacientes para desalentar por sus efectos nocivos sobre las personas. De igual manera, el elevado tipo impositivo sobre las bebidas alcohólicas refleja al menos la voluntad de desincentivar el consumo.

Asimismo, las propuestas fiscales suelen ir dirigidas a mejorar la distribución de la renta y la riqueza. En cualquier sistema de impuestos y gastos públicos se emplea a menudo de alguna forma el argumento en defensa de disposiciones para proteger con los impuestos[46] los ingresos de las personas situadas en la parte más baja de la escala social, teniendo en cuenta

---

46. DURÁN ROJO, L., «Interpretación tributaria del devengado en el Impuesto sobre la Renta», *Ciencia contable: visión y perspectiva*, núm. 39, 2017, p. 353. Disponible en https://doi.org/10.18800/9786123173081.039 [Consulta: 01/04/2024].

que se encuentran en la base de la pirámide y así, evitar la concentración de la riqueza y el poder económico en la cúspide de la misma pirámide. El argumento de la fiscalidad son cuestiones de los tipos impositivos, exenciones o la distribución de la renta y la riqueza, algo que resulta delicado en estos términos.

Sin embargo, la propuesta fiscal no puede administrarse fácilmente de manera completa y uniforme en la práctica, pues si un impuesto o disposición fiscal no puede administrarse con un gasto razonable de esfuerzo y dinero, habrá argumentos de peso en su contra, atrayendo problemas de cumplimiento de los contribuyentes, dado que la aplicación de un impuesto implica no solo gastos y esfuerzo para la Administración, sino también para el contribuyente.

Otro de los objetivos argumentativos de la propuesta fiscal es aumentar una conciencia fiscal sana, para que las personas que soportan la carga tributaria sepan lo que pagan. Entre estas cuestiones de disposiciones fiscales sencillas se encuentra entender los impuestos directos e indirectos, los requisitos para la presentación de declaraciones fiscales, etc., dado que solo los especialistas pueden calcular el impuesto correcto que se soporta, además de los costes y el esfuerzo del cumplimiento fiscal, son los gastos añadidos que se requieren para calcular, pagar y cumplir con los tributos.

2. LA EVALUACIÓN DE LOS ARGUMENTOS SOBRE UNA CUESTIÓN FISCAL

La evaluación de los argumentos es primordial si se quiere decidir sobre el fondo de una cuestión fiscal de interés público. Consideremos el dilema del miembro de una comisión del Congreso que tiene la responsabilidad de decidir cuestiones de política fiscal y, al momento de presentarla, una sucesión de testigos pasa ante la comisión de la que forma parte, se encuentra que prácticamente, en todas las propuestas de aplicación general, habrá testigos que estén a favor y otros en contra.

Y es que el hecho de que los argumentos fiscales se formulen en términos de interés público no reduce la dificultad de la tarea de los responsables políticos, porque los argumentos pueden estar lógicamente desarrollados y ser persuasivos, pero aun así, no se ponen de acuerdo. Los testigos pueden tener discrepancias unos sobre si la propuesta promoverá objetivos específicos, como la justicia fiscal, mientras que otros pensaran que retrasará la producción.

De este modo, los argumentos no coinciden[47], ya que tanto la justicia como un alto nivel de producción son de importancia pública. Por tanto, no es de extrañar que los miembros del comité se sientan cada vez más confusos, tiendan a descartar todos los argumentos y prefieran los hechos, incluso los más irrelevantes, a los argumentos mejor construidos.

Un riesgo siempre presente es que el miembro del comité ante la falta de consenso se sienta tan frustrado que recurra a sus propias ideas preconcebidas y prejuicios, desechando todos los argumentos alegados. Sin embargo, el responsable de política fiscal comprobará de antemano todas las pruebas posibles de importancia y utilidad, dado que los argumentos se juzgan inevitablemente en comparación con otros argumentos significativos que estén sobre la mesa, para tomar la decisión.

La competencia está en si la decisión a tomar solo implica un conflicto de intereses privados el responsable político podría ver con indiferencia si un defensor ha presentado un argumento competente, pero si está en juego el interés público, el responsable político tiene el deber de observar si el testimonio presentado es inadecuado, porque las deficiencias de los testimonios suelen afectar directamente a un número relativamente pequeño grupo de contribuyentes y suelen tener por objeto una reducción de impuestos.

En consecuencia, una prueba de los argumentos fiscales es si se han presentado adecuadamente todos los aspectos de la cuestión. Un argumento suele afirmar que si se adopta una propuesta determinada, se obtendrán resultados específicos y que estos resultados promoverán o interferirán con los objetivos deseables.

Pero es evidente que algunos argumentos[48] son correctos en una mayor variedad de circunstancias que otros. Por lo tanto, el problema de probar el argumento no consiste simplemente en determinar si siempre es correcto o incorrecto, sino en determinar en qué circunstancias es correcto o incorrecto.

---

47.   *Cfr.* MONTESINOS OLTRA, S., «La pragmática incoherencia de la calificación de las criptomonedas a efectos tributarios», *Crónica tributaria*, núm. 183, 2022, pp. 101-105. Disponible en https://www.ief.es/vdocs/publicaciones/1/183/4.pdf [Consulta: 01/04/2024].

48.   CALDERÓN PATIER, C., «El debate como metodología docente potenciadora de competencias y resultados de aprendizaje transversales: una experiencia aplicada a un grado universitario», *Revista de estudios empresariales, Segunda época*, núm. 1, 2024, pp. 19-20. Disponible en https://doi.org/10.17561/ree.n1.2024.8178 [Consultado: 01/04/2024].

En cualquier caso, la elaboración de la política fiscal y tributaria implica la decisión de cuestiones fiscales de aceptación o rechazo y el compromiso de elegir entre intereses privados en conflicto. Decidir sobre cuestiones fiscales en interés público requiere buenas intenciones, así como un conocimiento específico y detallado de los efectos de las propuestas fiscales de carácter general. Para ello, el responsable político se ve obligado a recurrir a expertos fiscales para que le proporcionen conocimientos sobre los efectos de las propuestas fiscales, que es en gran medida, una cuestión de gran importancia para la determinación de la política fiscal.

V. LA INNOVACIÓN DE ENSEÑAR ÉTICA JURÍDICA A LOS ESTUDIANTES DE DERECHO FINANCIERO Y TRIBUTARIO

La ética profesional engloba las normas de comportamiento personales y corporativas que se esperan de los profesionales del Derecho, en nuestro caso de Derecho Financiero y Tributario. «La ética, no solo como estudio de la moral sino de la acción humana, es la respuesta a las actuaciones cabales de los miembros de una sociedad, a ese comportamiento guiado por lo moralmente bueno, concordante con lo que se considera justo»[49]. Cuando el comportamiento humano, los derechos, la dignidad, las libertades están vinculados con lo ético y los jurídico, hay un contenido ético en el ejercicio del Derecho, lo ético apunta a la justa aplicación del ordenamiento jurídico del Estado.

El aprendizaje de la ética no siempre se considera algo importante en el plan de estudios de derecho, pero es fundamental para la educación de los estudiantes de derecho y futuros abogados. La ética jurídica es un conjunto de principios y valores que rigen la conducta de los profesionales del derecho. La enseñanza de la ética jurídica en las facultades de derecho se enfoca en enseñar a los estudiantes como aplicar estos principios y valores en su práctica profesional.

Por tanto, la enseñanza de la ética jurídica es importante porque ayuda a los estudiantes a desarrollar habilidades críticas y reflexivas que les permiten analizar y evaluar situaciones complejas en el ámbito legal. Además, resulta necesaria para hacer frente a la percepción pública sobre la profesión jurídica, donde los abogados tienen que tomar decisiones todo el tiempo, por lo que los estudiantes deben estar preparados para hacerlo. La toma de

---

49. LUJÁN ESPINOZA, C. A., *Ética en la interpretación de normas tributarias. El deber del abogado frente al sistema*, PUCP, Perú, 2023, pp. 21.

decisiones éticas debe enseñarse a los estudiantes, dándoles las herramientas necesarias para pasar por un proceso de discernimiento, apoyado en las modernas tecnologías de las TIC.

Sin embargo, también es esencial cultivar la autonomía de los estudiantes para tomar decisiones desde un paradigma activo-participativo que podría mejorar el aprendizaje entre los estudiantes para que puedan formarse más mientras realizan diferentes actividades, especialmente trabajando en grupos con sus compañeros y, resolviendo dilemas éticos, con el fin de estar competentes para resolver esos posibles dilemas, donde los estudiantes necesitan estudiar un método de discernimiento, basado en ver, juzgar y actuar.

Todo ello, en atención a que los estudiantes, en nuestro caso de Derecho Financiero y Tributario deberán mantener una ética profesional adecuada cuando se trata de asuntos fiscales. La ética o deontología profesional es la ética aplicada cuyo propósito es establecer los deberes de quienes ejercen una profesión, para determinar y cumplir con sus responsabilidades económicas, legales y éticas[50].

Los principios éticos sustentan todos los códigos de conducta profesional, aunque estos principios éticos pueden diferir según la profesión, por ejemplo, la ética profesional que se relaciona con los médicos diferirá de las que se relacionan con abogados o agentes inmobiliarios. Sin embargo, hay

---

50. El abogado deberá ser competente, dedicado, diligente y prudente con sus clientes y, en el ejercicio de sus funciones, deberá respetar los principios de dignidad, conciencia, integridad y lealtad. Uno de los principales objetivos del Consejo de Colegios de Abogados de Europa (CCBE) es representar a sus miembros en todos los asuntos de interés mutuo relacionados con el ejercicio de la profesión de abogado, el desarrollo del derecho y la práctica del Estado de Derecho y de la administración de justicia. El Código Deontológico es la tercera parte de un conjunto de documentos que el CCBE ha adoptado para alcanzar estos objetivos en materia deontológica, así, la Carta de los principios fundamentales de la abogacía europea contiene una lista de diez principios fundamentales que expresan la base común de todas las normas nacionales e internacionales que rigen la conducta de los abogados europeos. Este Código establece normas comunes que se aplican a todos los abogados de la Unión Europea, del Espacio Económico Europeo, de la Confederación Suiza y del Reino Unido, así como de los países asociados y observadores, cualquiera que sea el Colegio de Abogados al que pertenezcan en relación con su ejercicio transfronterizo. En particular, los artículos del Código de Conducta Modelo se inspiran en la Carta de Principios Fundamentales y, tiene por objeto definir las normas aplicables, cuando las normas deontológicas son de más de un país miembro (FERNÁNDEZ CONTE, J., «Consideraciones del Consejo de la Abogacía Europea (CCBE) sobre la Inteligencia Artificial», *Derecho Digital e Innovación. Digital Law and Innovation Review*, núm. 5, 2020. Disponible en www.smarteca.es [Consulta 01/04/24]).

algunos principios éticos universales que se aplican en todas las profesiones, que incluyen como honestidad, confiabilidad, lealtad, respeto por los demás, adhesión a la ley, hacer el bien y evitar dañar a los demás y la responsabilidad.

Cuando el estudiante se enfrenta a un problema ético, es importante recordarle que rara vez hay una sola forma correcta de actuar, sino que para resolverlo deberá tomar decisiones profesionales y éticamente responsables. Obtener buenas decisiones éticas requiere de un método para explorar los aspectos éticos en una decisión y sopesar las consideraciones que podrían influir en su elección de acción. Ese momento requiere que se piense como debes actuar y qué debes hacer en una situación dada, ya que una decisión mal tomada, podría ser potencialmente perjudicial para un cliente o una parte interesada, lo que podría implicar una elección entre un resultado bueno y uno malo.

Por tanto, comprender los hechos de la situación demanda considerar como se puede aprender más sobre la situación, incluida la realización de consultas y la búsqueda de hechos adicionales para asegurarse de tener la mejor comprensión posible de la situación y, asimismo, tener en cuenta los requisitos legislativos, las normas de Códigos profesionales, la ley y las instrucciones, ya que pueden influir en sus opciones. Comprender las consecuencias de las opciones de una manera lógica y directa, explicando la opción que se ha decidido a los afectados y a otras partes interesadas, requerirá llevar a cabo la acción que decidiste tomar, evaluando como resultó su decisión, qué hizo para resolverlo, las opciones que consideró y como comunicó su decisión a los afectados, evaluando objetivamente lo que sucedió y si la opción tomada funcionó.

En cuanto a cómo enseñar ética jurídica, existen diferentes metodologías que se pueden utilizar. Por ejemplo, algunos profesores utilizamos casos prácticos para enseñar ética jurídica, así como debates o discusiones en grupo.

Ahora bien, la universidad es una comunidad educativa que cumple una función social y no meramente una institución, preocupada por una educación donde se estimule y facilite el pensamiento crítico y plural. No obstante, no se ha prestado especial interés a la existencia, aplicación y contenido de la ética y la deontología en el sector universitario y su relación con la transmisión de principios éticos y deontológicos a los estudiantes, en cuanto a la formación directa se refiere. Sin embargo, es cierto que, en los últimos años, ha habido un interés y un esfuerzo por parte de las universidades para desarrollar códigos de ética relacionados con el interés académico en la responsabilidad social universitaria, que sin duda tiene beneficios en otros activos de gran interés estratégico como la reputación, la imagen, la legitimidad o el compromiso de los grupos de interés.

Ocurre a veces que los estudiantes terminan la carrera sin tener bien claro en qué consiste la abogacía, cuál es la importancia que tiene con la sociedad, por ejemplo, la lealtad que se debe al cliente, el valor del secreto profesional, cuáles son los estatutos disciplinarios y, sobre todo, los códigos de ética del abogado. Es por ello, que hay que seguir insistiendo en el respeto por las personas y sus derechos y en el cumplimiento de los deberes que impone la profesión. Asimismo, la búsqueda de estrategias debe ser permanente para que lleguen a cada estudiante y logren cautivarlo.

La ética y el derecho están interrelacionados y entrelazados, y los valores y normas morales como la libertad, la igualdad y la dignidad del hombre, la paz, la seguridad y la justicia y el respeto de los derechos humanos no pueden sino servir de base, inspiración y fuente del derecho contemporáneo, en términos generales.

VI. RESULTADOS DE LA APLICACIÓN PRÁCTICA DE LAS ESTRATEGIAS DE INNOVACIÓN DOCENTE EN EL PROCESO DE ENSEÑANZA-APRENDIZAJE DEL DERECHO FINANCIERO Y TRIBUTARIO

El *principal resultado* de este Proyecto de Innovación Docente ha sido la celebración el pasado 25 de septiembre de 2023 del Seminario de «Innovación docente en Derecho Financiero y Tributario, altas capacidades y otras disciplinas»[51] celebrado en el Salón de Grados, Edificio Departamental I, Campus de Vicálvaro de la Universidad Rey Juan Carlos de Madrid, con duración de 6 horas.

Fue inmerso en un procedimiento RAC, por el que se le reconocían 0.3 créditos a aquellos estudiantes y P.D.I. que asistiesen presencialmente y acreditaran al completo la misma, a través del sistema de fichaje oficial.

51.　SÁNCHEZ SÁNCHEZ, E. M. (dir.), https://eventos.urjc.es/101727/detail/innovacion-docente-en-derecho-financiero-y-tributario-altas-capacidades-y-otras-disciplinas-florian.html [Consulta 01/04/24]).

El número de inscritos fue de 105 participantes, lo que resulto un gran éxito al hacerse efectiva la asistencia acreditada del 90% de los mismos.

Los ponentes del evento fueron los siguientes:

09:00 h.-9.30 h.	**ACREDITACIÓN**
09:30 h.-10.00 h.	**INAUGURACIÓN**
Ponentes:	**María del Carmen Banacloche Palao.** Profesora Titular de Derecho Financiero y Tributario de la Universidad Rey Juan Carlos de Madrid.
	Ana María D'Ocón Espejo. Profesora Titular interina de Derecho Financiero y Tributario de la Universidad Rey Juan Carlos de Madrid.
	Eva María Sánchez Sánchez (directora Seminario): Profesora Ayudante Doctor de Derecho Financiero y Tributario de la Universidad de la Universidad Rey Juan Carlos de Madrid (acreditada a Contratado Doctor).
	Gionvanni Sartor: Professor ordinario, Dipartimento di Scienze Giuridiche e Direttore CIRSFID-Alma AI, Università di Bologna.
	Federico Galli: Ricercatore td. del Dipartimento di Science Giuridiche e del Centro di Ricerca CIRSFID-Alma AI, Università di Bologna.
10:00-12.00 h.	**MESA REDONDA TEMA I: Innovación docente en Derecho Financiero y Tributario en conexo con altas capacidades.**
Moderadora:	**María del Carmen Banacloche Palao.** Profesora Titular de Derecho Financiero y Tributario de la Universidad Rey Juan Carlos de Madrid.
Ponentes:	**Alberto Flaño Romero:** Presidente de la Fundación Avanza, creador del Programa DACIU (Desarrollo de las Altas Capacidades Intelectuales en la Universidad, actualmente en su 2.ª edición).
	Ana María Barbancho Pérez: Profesora Titular de la Universidad de Málaga. Departamento Ingeniería de Comunicaciones.

Eva María Sánchez Sánchez: Directora del Seminario y Profesora Ayudante Doctor de Derecho Financiero y Tributario de la Universidad de la Universidad Rey Juan Carlos de Madrid (acreditada a Contratado Doctor).

Inmaculada Mora Jiménez. Catedrática del área de Teoría de la Señal y Comunicaciones de la E. de Ingeniería de la Universidad Rey Juan Carlos.

12.00-12.30 h.	**COFFEE BREAK**
12.30-14.00 h.	**MESA REDONDA TEMA II: Innovación docente en Derecho Financiero y Tributario en conexo con otras disciplinas.**
Moderadora:	**Leonor Rams Ramos.** Profesora Titular de Derecho Administrativo de la Universidad Rey Juan Carlos de Madrid.
Ponentes:	**Bernardo David Olivares Olivares.** Profesor Contratado Doctor de Derecho Financiero y Tributario de la Universidad Complutense de Madrid (acreditado a Profesor Titular).
	Patricia Ciruelos Lara. Tax Lawyer at Naturgy. PhD candidate renewable sources taxation at Rey Juan Carlos university (Madrid). Associate Professor.
	José Alejandro Fernández Cuesta: Profesor Asociado de Filosofía de la Universidad Rey Juan Carlos de Madrid.
	María del Carmen Rodríguez Martín-Retortillo: Profesora interina de Derecho Administrativo de la Universidade da Coruña.
14.00-15.00 h.	**CLAUSURA Y NETWORKING CON PÚBLICO EN GENERAL (PDI, ASOCIACIONES ESTUDIANTES —IURIS URJC, HERMES URJC—, entre otras).**

Las ponencias del evento fueron las siguientes:

María del Carmen Banacloche Palao y Ana María D'Ocón Espejo: «Innovación docente en Derecho Financiero y Tributario en conexo con altas capacidades: presentación y debate en mesa redonda».

Alberto Flaño Romero: «Programa DACIU: Desarrollo de las Altas Capacidades Intelectuales en la Universidad».

Ana María Barbancho Pérez: «Innovación docente en altas capacidades: EEG y música».

Eva María Sánchez Sánchez (directora Seminario): «Estrategias de innovación docente en el Proceso de enseñanza-aprendizaje del Derecho Financiero y Tributario desde una Perspectiva Internacional».

Gionvanni Sartor: Progetto PRODIGIT.

Federico Galli: Progetto ADELE.

Inmaculada Mora Jiménez: «Innovación docente en Ingeniería biomédica».

Leonor Rams Ramos: «Innovación docente en Derecho Financiero y Tributario en conexo con otras disciplinas: debate en mesa redonda».

Bernardo David Olivares Olivares: «Cómo implementar la protección de datos en un proyecto de innovación docente en el ámbito del Derecho Financiero y Tributario».

Patricia Ciruelos Lara: «Innovación docente en Derecho Financiero y Tributario en conexo con energías renovables y su práctica».

José Alejandro Fernández Cuesta: «Lógica formal e IAs: innovaciones docentes en humanidades y ciencias sociales».

María del Carmen Rodríguez Martín-Retortillo: «Innovación docente en la enseñanza del derecho sancionador».

El *segundo de los resultados* ha sido ser autora del «Diccionario de términos para comprender la transición digital» con ISBN 978-84-1163-857-9 de la editorial Aranzadi.

Este diccionario es un repertorio en forma de libro en el que se recoge, un listado de palabras ordenadas alfabéticamente y acompañadas de su definición, significado o explicación.

En nuestro medio el diccionario es considerado no solo como un libro útil que permite solucionar las principales dudas sobre la definición de una determinada palabra, sino, además, como un potencial objeto de estudio muy acorde con lo que sería una herramienta didáctica continua, para alcanzar la comprensión de los elementos lingüísticos, evidenciando su importancia como un objeto pedagógico, que sirve para familiarizar al estudiante con todos aquellos aspectos de la lengua moderna, lo que permite una efectiva comunicación, cultural y pedagógica.

Todo diccionario es considerado como producto de una cultura que hace siempre eco de las inquietudes, pensamientos y corrientes lingüísticas de la época en que fue escrito. En el uso del diccionario se debe tener en cuenta que no todos los diccionarios están elaborados según unos propósitos específicos, de ahí la importancia de nuestro diccionario al estar dirigido a una materia actual concreta que a todos nos afecta. De esta manera, se podrá potencializar todo lo relacionado con las estrategias de enseñanza de la lengua por medio del diccionario, sobre sus conocimientos e información que pueden brindar en la labor docente.

Todo ello, pone de manifiesto, que no solo es muy importante contar con un diccionario que permita hallar la definición de un determinado término, sino saber interpretar la información de éste, aprender el uso de dicha palabra y entender su significación, para así, poder tomar conciencia sobre un uso responsable de la lengua. En definitiva, lo importante no es conocer el significado de una palabra, sino aprender a utilizarla como objetivo prioritario que se pretende alcanzar.

De esta manera, el diccionario funciona de un lado, como catálogo del léxico y herramienta intelectual, y por otro, como símbolo de un patrimonio lingüístico y cultural, que permite el estudio de la lengua en sus diferentes planos. Pero sobre todo hay que ser conscientes que el conocimiento del diccionario debe proporcionar al usuario no solo saber el significado y la parte definitoria de una palabra, sino también otro tipo de información, como el relacionado a la información que ayude a los estudiantes a enriquecer su vocabulario, perfeccionar la capacidad de expresión oral y escrita y profundizar el estudio y manejo de la gramática, en conexo con la normativa europea de IA.

Se puede concluir, que un diccionario es un instrumento realmente valioso en el aprendizaje de los diversos aspectos de la lengua, sin embargo, muy poco pueden hacer por sí solos los diccionarios, por muy buenos que éstos sean, si no se enseña a manejarlos correctamente para obtener de ellos el mayor provecho posible.

El *tercero de los resultados* es el llevado a cabo a través de herramientas online, que se ha instituido en ser creadora del taller en Wikipedia para la aplicación del citado Proyecto de innovación docente «Innovación docente en Derecho Financiero y Tributario, altas capacidades y otras disciplinas (FLORIANNA)», en las asignaturas que imparto en URJC, con el usuario «Eva María Sánchez Sánchez»[52].

Este proyecto propone una experiencia de aprendizaje innovadora en la que los estudiantes del Grado en Derecho; Doble Grado en Administración y Dirección de Empresas; Doble Grado en Economía y Derecho; Doble Grado en Contabilidad y Finanzas y Derecho; Doble Grado en Derecho y Relaciones Internacionales y Doble Grado en Política y Gestión Pública, contribuirán a la creación el primer «Model Tax Makers URJC» en colaboración con Wikipedia y URJC, donde los estudiantes trabajarán en equipo en las asignaturas de Derecho Financiero y Tributario II, pechando al conocimiento colectivo en la materia. De ahí que nuestro símbolo sea la abeja tresjunqueña, como ya CRISÓSTOMO[53] indicó «la abeja es más honrada que otros animales, no porque trabaje, sino porque trabaja para los demás».

Respecto al planteamiento, señalar que las altas capacidades intelectuales se refieren a un potencial excepcional de aprendizaje y comprensión del mundo. Los estudiantes universitarios con altas capacidades tienen una forma de aprender radicalmente distinta que los diferencia de sus compañeros de edad. A menudo, se asocian con un coeficiente intelectual (CI) igual o superior a 130, pero esta medida no es el único criterio para identificarlos. Los profesionales y profesorado también consideran la creatividad, las habilidades de aprendizaje, el desarrollo evolutivo y otras fortalezas creativas.

En España, la legislación reconoce a los niños con altas capacidades como alumnos con Necesidad Específica de Apoyo Educativo. La identificación y atención de estos alumnos recae en los Equipos de Orientación Educativa y Psicopedagógica (EOEP) y los colegios, bajo la competencia de las Consejerías de Educación de las Comunidades Autónomas. La Ley Orgánica 3/2020, de 29 de diciembre, establece que «las administraciones educativas deben ase-

---

52. SÁNCHEZ SÁNCHEZ, E. M., «Taller del Proyecto de innovación docente Innovación docente en Derecho Financiero y Tributario, altas capacidades y otras disciplinas (FLORIANNA)», Wikipedia, 2024, https://es.wikipedia.org/wiki/Usuaria:Eva_Maria_Sanchez_Sanchez/Taller/Altas_capacidades_intelectuales_en_Derecho_ Financiero_y_Tributario [Consulta 01/04/2024].
53. San Juan Crisóstomo (347-404).

gurar los recursos necesarios para que estos alumnos alcancen su máximo desarrollo personal y los objetivos generales de aprendizaje».

El planteamiento que proponemos es que se cree en las Universidades españolas un Protocolo AACC, al igual que está previsto en la educación primaria y secundaria. Para ello, hay que comenzar poniendo la primera base, de ahí nuestra aportación con el primer «Model Tax Makers URJC».

En cuanto a la identificación, se valora más que el CI. Los modelos de Renzulli y Gardner consideran la creatividad, el talento y las inteligencias múltiples. Además, se distingue entre superdotación (CI alto) y talento (destacar en uno o más tipos de inteligencia). La evaluación multidisciplinar incluye factores que van más allá de las mediciones psicométricas únicamente. En resumen, es importante identificar y ayudar a los estudiantes universitarios con habilidades que apoyarán su crecimiento y éxito académico.

Los objetivos relacionados con las altas capacidades intelectuales en el ámbito universitario pueden variar según el contexto y el proyecto de innovación docente específico. A continuación, te presento algunos ejemplos de intentos universitarios que hemos llevado a cabo, cuyos objetivos están relacionados con AACC:

1. Creación de un Curso de Expertos en AACC En nuestro caso, «Model Tax Makers URJC», trata de crear un curso de expertos específico para el área de Derecho Financiero y Tributario en conexo con AACC y otras disciplinas en URJC.

2. Haber colaborado y seguir haciéndolo con el programa DACIU (Desarrollo de las Altas Capacidades Intelectuales en la Universidad), dado el éxito obtenido por nuestro equipo en su primera edición, siendo los primeros en obtener el reconocimiento de nuestro capítulo «The footprint of artificial intelligence and its repercussion on internacional tax», utilizando LaTex.

3. Proyecto Innovación Docente en Derecho Financiero y Tributario, Altas Capacidades y Otras Disciplinas (FLORIANNA) Seguir desarrollando y divulgando el Proyecto de innovación docente, creado en 2023, que continúa en 2024, por la prof. Eva María Sánchez Sánchez, proyecto que busca la innovación docente en el ámbito del Derecho financiero y tributario, conectándolo con las altas capacidades y otras disciplinas. El objetivo es despertar el interés de los

estudiantes hacia el concepto jurídico y formar auténticos juristas con creatividad y razonamiento crítico fiscal.

4. Atención al estudiantado universitario con Altas Capacidades Intelectuales El objetivo es proporcionar herramientas, estrategias y apoyo que permitan a los estudiantes alcanzar sus objetivos de educación universitaria en Derecho (especialidad Derecho Financiero y Tributario).

En resumen, estos proyectos buscan reconocer, atender y potenciar el desarrollo de los estudiantes con altas capacidades intelectuales en el contexto universitario. Si deseas obtener más detalles sobre alguno de estos programas, te recomiendo consultar los recursos de ayuda AACC proporcionados.

Respecto a las metodologías docentes:

*   Clases prácticas:
    –   Realizar declaraciones tributarias avanzadas de manera autónoma.

    –   Inerpretar y aplicar correctamente la legislación fiscal.

    –   Identificar deducciones, beneficios fiscales y estrategias legales para minimizar la huella tributaria.

*   Tutorías: Asistencia personalizada para resolver dudas, detectar (dado que no existe un Protocolo activo en AACC o no tengan certificada prueba correspondiente al respecto) y proporcionar orientación en la elaboración de los artículos en Wikipedia, para aquellos que quieran avanzar más rápido.

*   Debates tributarios: Organización de debates avanzados en materia tributaria, para discutir y argumentar diferentes puntos de vista.

*   Trabajo cooperativo: Colaboración en grupos para la creación y mejora de artículos en Wikipedia sobre tributos, fomentando el trabajo en equipo y la colaboración.

*   Blogs/Foros tributarios en Aula Virtual: Espacio para la discusión y el intercambio de ideas entre estudiantes, así como comunicación con el profesor.

Los resultados de aprendizaje del proyecto FLORIANNA abarcan diversos ámbitos relevantes. En primer lugar, los estudiantes adquirirán un sólido conocimiento sobre los conceptos más avanzados de Derecho Financiero y Tributario. Además, desarrollarán sus capacidades prácticas como estudiantes AACC para investigar, redactar y editar artículos de forma colaborativa en Wikipedia, elaborar liquidaciones tributarias de dificultad elevada, lo que les permitirá contribuir de manera significativa al contenido en línea, detectando y calificando supuestos concretos en el ámbito tributario, como la exigencia de compliance tributario, la liquidación de tributos, la precisión de actuar ante una situación de inspección, recaudación, revisión, entre otras. Para ello, darán una respuesta válida a las situaciones descritas y valuarán tanto la aplicación como las posibles respuestas, lo que preparará a estos estudiantes para el mundo laboral del más alto nivel, aportándoles habilidades avanzadas de pensamiento abstracto y crítico-fiscal, ampliar su gama de intereses intelectuales y académicos, sin miedo a procrastinar y superando su aversión lento y preferencia por trabajo independiente.

Los resultados de aprendizaje operativizados serían:

1. Gestión de datos e información tributaria mediante el uso y gestión de las tecnologías de la información, en particular a través de Internet (portales de organismos públicos y privados, organismos especializados en fiscalidad, investigación en redes, Wikipedia...).

2. Uso de las bases de datos científicas en materia fiscal, tanto a nivel jurídico como técnico, para optimizar recursos y tiempos, aumentando la eficiencia de las búsquedas llevadas a cabo para a obtener información precisa y útil a los profesionales e investigadores en el ámbito tributario.

3. Gestionar *software* y aplicaciones específicas para impuestos y contabilidad (licencias oficiales).

4. Administración y gestión en línea de temas especiales relacionados con la normativa tributaria.

5. Aumentar el conocimiento de los aspectos personales, financieros y temporales de los distintos impuestos, directos e indirectos, del Sistema Tributario Español.

El sistema de evaluación sería en el caso de la asignatura de Derecho Financiero y Tributario II, habría que adaptar la correspondiente Guía Docente y su sistema de evaluación, desde el punto de vista AACC.

Respecto del «Modelo Tax Makers URJC» y la creación de un Curso de Experto en tributación para AACC, el reto consiste en hacerlo efectivo y que en unos años sea una realidad, con un sistema de evaluación basado en la corrección de prácticas tributarias avanzadas con especialización AACC.

Como se ha tratado de un Taller que he elaborado dentro del I Curso de Wikipedia URJC, y la idea era fomentar las redes y evaluaciones interdisciplinares entre compañeros surgidas de este curso, una propuesta de evaluación sería aunarnos con el Proyecto URJC-ADE, afín al nuestro en estudiantado de ADE, Economía, FyCO, RR.II., entre otras materias, y colaborar con la profa. Murillo Ramos, en como ésta indica, «la revisión y evaluación, tanto de sus estudiantes, como ella de los nuestros AACC, en el sentido de garantizar la rigurosidad del material generado, en este caso, artículos científicos creados y editados para Wikipedia; evaluación de proyectos grupales, en los que los estudiantes presentarán y defenderán sus contribuciones a Wikipedia, fomentando así el trabajo en equipo y la exposición oral; contribuir a enriquecer los debates y discusiones en clase sobre los artículos editados y se llevará a cabo la autoevaluación y coevaluación de la colaboración y contribución individual y grupal en Wikipedia, promoviendo la reflexión sobre el propio desempeño y el trabajo en equipo».

El *cuarto de los resultados* prácticos consiste en aplicar a la herramienta Rúbricas para la corrección de las prácticas presentadas a través de Aula Virtual, en nuestro caso URJC, de todos los metadatos y parámetros recopilados en base a la importancia de la retórica y la dialéctica como elementos indispensables en el aprendizaje del discurso jurídico-fiscal en la universidad.

En la actualidad, los procesos educativos de aprendizaje del estudiantado se instituyen como el núcleo esencial alrededor del cual se estructura todo el sistema educativo vigente. Así, la introducción de la retórica y la argumentación se proyecta como herramientas educativas innovadoras capaces de conseguir la evolución en dicho aprendizaje. Y es que la retórica, es el arte de hablar o escribir de forma prestante y correcta, que se ofrece mediante un discurso, con el fin de que resulte conmovedor, con el objetivo de convencer o persuadir a las partes, que, en el caso de un juez, se adhiera a nuestras peticiones. Ante estas directrices es aconsejable introducir la retórica y la argumentación en un debate jurídico práctico para que los estudiantes tengan una primera toma de contacto. A través de esta actividad con la finalidad de aportar elementos útiles y recursos de ayuda para el perfeccionamiento de las habilidades argumentativas de forma objetiva, optimizar el trabajo educativo en la enseñanza para el docente y el aprendizaje para el estudiante en el aula, proponemos un método innovador de extraordinaria utilidad para una argumentación exitosa desde la temática del discurso.

La educación universitaria se encuentra en una coyuntura de profunda renovación en el proceso de aprendizaje del estudiantado, en donde el papel del docente se vuelve más relevante respondiendo con nuevas competencias y utilizando las dinámicas y metodologías más adecuadas para hacer del aprendizaje algo extraordinariamente emocionante. Mediante la innovación docente nos hemos adaptado en tiempo récord a la demanda de la educación, reinventando el concepto de presencialidad, tanto en campus como en remoto, garantizando un modelo educativo más innovador y muy experiencial en el que las barreras se difuminan, orientado al desarrollo profesional que prepare a los estudiantes para un futuro de gran incertidumbre en el contexto actual que albergue una enseñanza de calidad.

Con este sistema de educación disruptiva que ilustra nuevas formas de transformar la educción que rompe con los esquemas que se crean, se propone un aprendizaje integral adaptado a la nueva realidad, donde los estudiantes disponen de un gran número de prácticas, una preparación que los llevará a graduarse con muchas horas de trabajo y de experiencias similares a las que encontrará en el entorno profesional y un desarrollo desde el discurso que hace que puedan estar conectados con su posible futura profesión de Abogados, Procuradores de los Tribunales, asesores fiscales, entre otras, desde el primer día. En este reto, el docente ejercerá de conductor del aprendizaje en la realización de las prácticas, en las que los estudiantes se encontrarán con los problemas a los que deberá enfrentarse en su futuro profesional.

Muchos son los retos en la cultura de transparencia y acceso eficaz a la justicia, que hacen necesario e indispensable una argumentación clara y eficaz que respalde el trabajo de los profesionales juristas. Para lograrlo, se ofrece todos los elementos necesarios para realizar un discurso o argumentación crítica, sumando el esfuerzo permanente a través de las prácticas para llevar a cabo una argumentación eficaz.

Los objetivos que persigue este tipo de acción de carácter innovador es demostrar la capacidad del estudiante de cumplir con los fines didácticos y garantizar la efectividad de su aprendizaje desde su autonomía, adquiriendo la destreza y habilidades transversales necesarias para la realización de un discurso jurídico-fiscal, es decir, el propio conocimiento y comprensión de incorporar la retórica como parte indispensable en la formación del mismo, que radica principalmente, en profundizar en una evolución progresiva del aprendizaje del estudiante, para ello, se programará un trabajo individual del tema que se presentará en aula grupalmente para realizar un análisis o debate crítico sobre el mismo.

Esta modalidad de enseñanza individual y agrupada pretende desarrollar la propiedad del habla aunque su técnica sea de producción textual, se pretende que la técnica retórica continúe siendo enseñada como parte del programa en las universidades, porque traspone la disputa al campo de lo social, pues el análisis de los discursos que se interesa por el ejercicio del lenguaje en la sociedad, no deja de ser de algún modo, una reflexión sobre la teoría y la práctica de la retórica como práctica social. Ante todo, este modelo innovador proyecta la capacidad de argumentación jurídica del estudiante, el pensamiento crítico y el razonamiento, contribuyendo muy positivamente a la formación socio-jurídica, que desde el ámbito judicial permitirá discutir los problemas jurídicos en el marco de una teoría de la argumentación.

Las reflexiones que se proponen a los estudiantes de las asignaturas de Derecho Financiero y Tributario deben servir de utilidad para perfeccionar el trabajo y potencial desarrollo profesional que origine liderazgos orientados a actividades empresariales ulteriores de nuestro estudiantado. La actividad de esta iniciativa innovadora está organizada sobre la clase teórica y la clase práctica, en donde se prestará especial atención al trabajo autónomo que realizará el estudiante previamente al desarrollo presencial de la actividad en el aula universitaria, que será expuesta a análisis críticos mediante los distintos grupos de discusión lo suficientes heterogéneos en que se haya dividido por parte del docente la clase para la obtención de los resultados, siguiendo los métodos de enseñanza-aprendizaje que aúnan la técnica expositiva, el estudio del caso y la resolución de problemas. Con el propósito de que los estudiantes se acostumbren a cooperar con compañeros que serán críticos en el veredicto y no tienen por qué compartir sus formas e ideas en el planteamiento del trabajo.

Un ejemplo de desarrollo de esta innovación (enfocada sobre todo para estudiantes AACC, para que desarrollen su máximo exponencial) sería que la tarea práctica se subiese al Aula Virtual con un tiempo de un mes de antelación para que fuese desarrollada la actividad por cada estudiante, sobre una reflexión jurídico-fiscal específica, acompañada de las instrucciones necesarias para la realización de esta. A partir de ahí, se solicitaría a los estudiantes que realicen esa práctica jurídico-fiscal acerca de la temática que se les ha indicado, utilizando para ello sentencias, consultas vinculantes, o libros facilitados, entre otras, acerca del tema para una mejor comprensión de los conceptos o teorías a realizar en la redacción del trabajo.

La sesión en la que se efectuará la discusión quedaría organizada del modo expuesto en la tabla que se muestra a continuación:

- Exposición oral de la actividad por parte del docente   40'
- Presentación individual del trabajo   40'
- Debate   40'

Una vez subidos al Aula Virtual todos los trabajos realizados individualmente por cada estudiante, el día asignado para la presentación los estudiantes deberán asistir a clase con su tarea. El profesor iniciará la clase con una exposición oral de la actividad en la que planteará la problemática realizada y estudiada por los alumnos de forma que sea compresible para ellos, abordando las reflexiones que se han propuesto sobre el aprendizaje y realización del discurso que puedan ser de utilidad para perfeccionar el trabajo que han llevado a cabo los mismos.

Con ello, se pretende facilitar información para la comprensión de conocimientos y estimular la motivación del estudiantado, ante un tema que puede presentar dificultad jurídico-fiscal y provocar que el análisis individual sobre la problemática exigida no resulte del todo productiva, dado que se trata de conceptos que no dominan por ser desconocidos para ellos y en consecuencia, la explicación desarrollada por parte del docente debe estar totalmente enfocada a la comprensión de los conceptos específicos de la práctica, utilizando un lenguaje adecuado, claro y que carezca de ambigüedades en la metodología.

Si bien, el planteamiento de la innovación práctica se ha llevado a cabo a lo largo de cursos anteriores en las asignaturas de Derecho Financiero y

Tributario, no ha sido con esta misma temática, sino con otros contenidos de igual transcendencia con resultados muy satisfactorios y enriquecedores, afianzando los resultados de aprendizaje del tema propuesto. A pesar de que este tema no se haya llevado a efecto, ello no obsta para que se le otorgue la importancia que requiere por ser un tema básico donde la retórica ha cobrado una importancia y un carácter extraordinario, presentándose en la actualidad como una ciencia y técnica de la comunicación, que ha renacido con gran vitalidad.

Los resultados obtenidos con la innovación de llevar a clase la práctica del aprendizaje del *discurso jurídico* deberán ser muy beneficios para captar la motivación del estudiantado de participar activamente en el desarrollo del debate, que en todo momento será moderado por el Docente. Una experiencia de conocimiento constructivo y aprendizaje de la retórica, que los llevará a realizar un análisis de fundamentación jurídica, conducido a un razonamiento de gran calado en relación con el derecho y la realidad social. De ahí, la necesidad de que reciban los estudiantes una adecuada formación retórica y argumentativa para que todo profesional del derecho pueda participar en la elaboración de resoluciones.

El estudiantado en los referidos debates del discurso ha manifestado su satisfacción con los resultados de las evaluaciones realizadas al respecto y su espíritu crítico desarrollado en la tarea, que sin duda enriquecerá su futuro como profesional del Derecho.

Una nueva perspectiva de la retórica como componente principal para la argumentación jurídica en particular es la sentencia, que resulta ser un elemento indispensable para toda actividad argumentativa jurisdiccional. Esto nos lleva a impulsar al estudiante de Derecho, en particular, al de Derecho Financiero y Tributario, a emprender la tarea de ser parte integral del desarrollo de su educación, en la manera de actuar ésta como formadora del intelecto y actuación responsable de los futuros profesionales jurídico-fiscales en el desempeño de sus funciones, afianzado la solidez de los argumentos jurídicos que emitan, tanto en su expresión escrita como oral.

Además, las nuevas tecnologías permiten llevar a cabo la construcción de novedosos discursos con nuevos lenguajes, en los que distintos factores (acústico, visual, verbal, no verbal) se combinan entre sí y dan como resultado una serie de componentes en los que se funda la multimedialidad de los discursos digitales. Estos componentes son: el elemento verbal visual (formado por la escritura), el bloque verbal acústico (compuesto por las

expresiones orales, incluidos, por supuesto, los discursos orales considera-
dos como unidades máximas de la retórica y de gran relevancia en aplicación como es nuestro caso, en las asignaturas de Derecho Financiero y Tributario, sobre todo, en las clases prácticas.

No obstante, conviene recordar que, aunque los docentes se conviertan
en guías y cómplices en la experiencia universitaria de cada estudiante, se
propone un aprendizaje individualizado amoldado a las particularidades
de cada estudiante que mediante el aprendizaje práctico desarrollen competencias transversales y sepan desarrollarlas en un entorno real. El objetivo, es que el aprendizaje siga su andadura y no se detenga, que siga evo-
lucionando conforme a los tiempos, para conseguir enriquecedoras experiencias, profundas y transformadoras.

Conclusiones

La educación universitaria es fundamental para el desarrollo profesional de los estudiantes y para fomentar la cultura tributaria. La cultura tributaria se refiere a la conciencia y responsabilidad que tienen los ciudadanos en cuanto al pago de impuestos y su uso adecuado por parte del Estado. A partir del sistema educativo universitario se ha de tratar de concientizar a los profesores y estudiantes en la práctica tenaz de estos valores; haciéndose necesario que todos los ciudadanos consoliden su cultura tributaria y de esta forma puedan comprender que los tributos son recursos que recauda el Estado en su carácter de administrador, pero en realidad serán retribuidos a la colectividad en bienes y servicios públicos para optimizar su calidad de vida.

La digitalización de la economía ha sido un foco clave de los debates fiscales en los últimos años. Los debates políticos se han centrado en las diferencias entre gravar las operaciones comerciales físicas y las operaciones virtuales. Estos debates se han cruzado con múltiples capas de la política fiscal, incluidas las políticas de consumo y de impuestos corporativos. También se han desarrollado políticas novedosas, incluidos gravámenes de compensación e impuestos sobre servicios digitales, junto con un uso más común de impuestos de retención basados en el bruto dirigidos a los servicios digitales.

Sin embargo, en algunos casos, la conveniencia política ha superado los diseños de políticas consistentes en línea con los principios sólidos de la política tributaria. A medida que los responsables políticos continúen evaluando las opciones para gravar a las empresas digitales, será necesario evitar la creación de nuevas políticas fiscales distorsionadoras impulsadas por agendas políticas.

En los últimos años, los gobiernos de todo el mundo han empezado a adaptar sus sistemas fiscales para la digitalización de la economía. Estos esfuerzos le han llevado a cambios en los impuestos sobre el consumo y el impuesto de sociedades. Para garantizar la neutralidad entre las empresas de muchos países han ampliado estos tributos para incluir los servicios digitales.

La mayoría de las grandes empresas digitales son multinacionales, que generan flujos de ingresos países de todo el mundo. Se ha expresado la preocupación que el actual sistema internacional del impuesto de sociedades —con sus normas tradicionales de establecimiento permanente— no refleje adecuadamente estos nuevos modelos empresariales. Esto nos ha llevado a las negociaciones en curso de la OCDE con numerosos países para adaptar las normas fiscales internacionales existentes.

Un número significativo de países ha adoptado medidas fiscales unilaterales dirigidas a las digitales, incluidos los impuestos sobre los servicios digitales, retenciones basadas en el bruto y establecimientos permanentes. Sin embargo, en coordinación multilateral, es probable que estas políticas fiscales unilaterales específicas puedan entrecruzarse o contradecirse, dando lugar a incertidumbre y doble imposición.

El resultado del debate sobre la fiscalidad digital la fiscalidad nacional e internacional en las internacionales en las próximas décadas. Diseñar estas políticas basadas en principios sólidos —simplicidad, transparencia, neutralidad y estabilidad neutralidad y estabilidad— será esencial para desafíos que surjan en el entorno económico y tecnológico del siglo XXI.

A lo largo de los años, la evolución de la humanidad ha creado una demanda cada vez más intensa para incorporar mejores técnicas para impartir conocimiento. Vimos el uso de tiza y pizarra durante el tiempo más largo de la historia como medio de enseñanza. En el siglo XXI, nos aventuramos a utilizar el poder de la tecnología para facilitar esta enseñanza mejor con las computadoras. Con el paso del tiempo, las computadoras se volvieron más rápidas, livianas y compactas. La adopción generalizada de Internet en todo el mundo condujo a una adopción más rápida de la tecnología de PC. Debido a la pandemia, el mundo fue testigo de un rápido avance hacia la digitalización para todo tipo de transacciones. Pero por mucho que la tecnología sea importante para ser implementada en un aula, la intervención humana, que es la esencia de un entorno de aprendizaje en un aula, no se puede quitar.

El Modelo TPACK es una de las muchas alternativas educativas para promover en los estudiantes, el análisis, la reflexión, cuya finalidad es que experimenten el autoaprendizaje y finalmente valoren el hecho de ser autónomos, que es una de las propuestas que menciona, en nuestro caso las Guías Docentes de las asignaturas de Derecho Financiero y Tributario de la Universidad Rey Juan Carlos de Madrid.

Esta propuesta resulta interesante porque el conocimiento pedagógico se pone en práctica cuando el profesor lleva a cabo su planeación con sus diferentes actividades enfocada al logro de los aprendizajes esperados. Para ello, el docente deberá tener los conocimientos teóricos, pedagógicos y metodológicos resaltando el uso de las tecnologías, porque le permitirá seleccionar las herramientas de la informática más adecuadas para el logro de los objetivos planteados, tomando en cuenta el contexto donde se sitúa, así como toda clase de recursos, espacio y tiempo de los cuales dispone.

Aumentar la educación financiera de los estudiantes requiere más que una beca, se necesita un compromiso por parte de la administración universitaria y los miembros de la facultad para considerar los obstáculos financieros grandes y pequeños que se interponen en el camino de los estudiantes y buscar formas de eliminar esos obstáculos. La adopción de las once estrategias descritas en este Proyecto puede ayudar a garantizar que más estudiantes, en especial los de altas capacidades, no solo se inscriban en una universidad apropiada para sus intereses y habilidades, como ésta, sino que también persistan hasta la graduación sin sobrecargarse con deudas permanentes y no procrastinen.

Nuestra experiencia docente nos da la capacidad de combinar habilidades técnicas y creativas para adaptar la enseñanza universitaria, tanto presencial como en remoto (como ocurrió en la pandemia que nos asoló) que ayudará a alcanzar los objetivos de los estudiantes. La misión como docentes es hacer la vida más fácil tanto a la institución como a los estudiantes, en lo que se refiere a la evolución de la transformación digital en las prácticas universitarias.

En consecuencia, la educación universitaria necesita la transformación digital en el aprendizaje de los estudiantes para romper el equilibrio anterior y provocar en ellos nuevas inquietudes. Los estudiantes tienen ahora una inmensa cantidad de opciones de aprendizaje para elegir, desde universidades privadas frente a públicas, enseñanza en línea frente a presencial en el campus, así, como matricularse a tiempo completo o a tiempo parcial. Ante este reto, la universidad debe mantenerse al día y afrontar la transformación digital.

Ya no existe un estudiante tradicional, pues es más común que los estudiantes equilibren el trabajo y la universidad en su día a día, a que tengan un enfoque exclusivo de ir a clase y estar en el campus a tiempo completo. Ahí es donde se debe tener en cuenta la transformación digital para aprovecharla adecuadamente, por ejemplo, en *ampliar la digitalización de los recursos bibliográficos en las Bibliotecas de Ciencias Jurídicas*, para que estén disponibles en línea y todos los estudiantes puedan actuar a la vez.

Esta es una pequeña muestra de lo que puede hacerse con la transformación digital en la enseñanza universitaria, pero hay muchas más opciones de aprendizaje para los estudiantes, mejorando sus experiencias, esto se centra en mejorar las métricas como las tasas de éxito del curso y otros marcadores que demuestren el éxito general.

La inclusión de las nuevas tecnologías en la enseñanza universitaria es un reflejo de adaptar las demandas de aprendizaje para favorecer las actitudes colaborativas y responsables por ambos colectivos tanto de docentes como de estudiantes, al objeto de reforzar sus vínculos por la vía de la comunicación.

De forma paralela, la implementación de las actuales metodologías docentes con el uso de redes sociales goza de un enorme potencial, donde prima el aprendizaje jurídico universitario autónomo y colaborativo entre compañeros, sirviendo como un medio de interacción por su gran inmediatez y universalidad.

Parte de esta renovación metodológica ha de estar orientada, naturalmente, a propiciar el aprendizaje de los estudiantes. Un aprendizaje autónomo pero guiado. Y eso requiere la elaboración de buenos materiales en forma de guías didácticas. Las TICs constituyen también una herramienta muy sustancial en este sentido. Sin embargo, todo ello no sería posible si los docentes no intervienen como guías en la orientación de la enseñanza universitaria, no hay que olvidar que los mejores profesores son aquellos que saben por qué hacen lo que hacen cuando enseñan.

En última instancia, para lograr estos objetivos planteados de innovación, es necesario agilizar las operaciones de biblioteca con todo el avance tecnológico, para ofrecer múltiples opciones de aprendizaje a la comunidad universitaria y sostener una ventaja competitiva al aprovechar la tecnología que ofrece la universidad en todos los campos, utilizando para ello las redes digitales en la búsqueda documental, manteniendo a los estudiantes actualizados en el estudio del Derecho con todas las publicaciones y material bibliográfico a su alcance, lo que faculta poder compartir ideas y conocimientos en grupo con los demás.

La digitalización de la biblioteca es muy necesaria para permitir a los estudiantes acceder a cualquiera de los recursos en tiempo real facilitando el no ser necesario personarse físicamente en la biblioteca para llegar a un archivo documental. Dentro de sostenimiento de los gastos públicos, será necesario que aumenten las partidas destinadas a la docencia e investigación para que se pueda digitalizar esta área de los fondos de las bibliotecas, en la consecución de poder contribuir a tener presencia en los primeros puestos del ranking de Bibliotecas españolas universitarias e incluso asemejarse a las grandes Bibliotecas digitales europea y mundial, pero a nivel jurídico.

Para tener acceso a la información, un área imprescindible en toda universidad es la biblioteca, que aglutina todos los recursos encaminados a ayudar a los estudiantes para alcanzar la excelencia educativa. En un mundo cada vez más globalizado y digital las universidades deben avanzar y adaptarse a la nueva era para conseguir el desarrollo digital, de igual forma, la biblioteca también requiere una evolución propia de sus recursos hacia el mundo digital. Pero esto supone un proceso que no solo implica digitalizar los libros, sino que toda la universidad globalmente sea digital.

Es cierto, que las bibliotecas siempre han desempeñado un papel fundamental en las Universidades para responder a la demanda y necesidades de los estudiantes. Sin embargo, la búsqueda por parte del alumno de los recursos específicos que necesitaba podría convertirse en algunas ocasiones en una utopía. Con los nuevos catálogos digitales la búsqueda es más sencilla por estar centrados en la experiencia del estudiante, siendo suficiente disponer del título en concreto para realizar la investigación.

Finalmente, con la pandemia la tecnología digital ha procesado una rápida difusión en el sector de la educación universitaria, pues, aunque estaba a la vuelta de la esquina necesitaba un suave empujón y la COVID-19 se la ha dado. En la actualidad las instituciones educativas internacionales están aprovechando el poder de la tecnología para permitir un entorno más seguro y eficiente en las universidades, respaldando los ingresos remotos y la educación en línea para satisfacer las necesidades del docente y permitir el aprendizaje de los estudiantes. Por tanto, hoy en día, la transformación digital en la educación universitaria es fundamental para crear un proceso educativo más atractivo y eficaz, donde los estudiantes cuenten con las herramientas necesarias que les permita realizar sus tareas con eficiencia y mejorar el rendimiento universitario.

Es evidente, que los docentes son insustituibles, pero la digitalización puede ayudarles en sus trabajos y en la mejora de las prácticas educativas. Las universidades con la integración de las TICs también pueden estar a la vanguardia para permitir una gestión el espacio más eficaz, experiencia de los estudiantes y prestación de servicios para lograr los más altos estándares de excelencia para su población estudiantil.

Bibliografía

ABDOOL KARIM, S.; KRUGER, P.; MAZONDE, N.; ERZSE, A.; GOLDS-TEIN, S. and HOFMAN, D., «Stakeholder arguments during the adoption of a sugar sweetened beverage tax in South Africa and their influence: a content analysis», *Global Health Action*, vol. 16, issue 1, 2023. Retrieved from https://doi.org/10.1080/16549716.2022.2152638 [Accessed on 01/04/2024].

AFIP, *Difusión e inclusión tributaria: asistente fiscal*, Argentina, 2023. Disponible en https://www.afip.gob.ar/educacionTributaria/difusion-inclusion-tributaria/asistente-fiscal.asp [Consulta: 01/04/2024].

ALBADALEJO, T., «Accesibilidad y recepción en el discurso digital: la galaxia de discursos desde el análisis interdiscursivo», en AA.VV., *Un nuevo léxico en la* red, Dykinson, Madrid, 2011, pp. 15-28.

ALEXY, R., *Teoría de la argumentación jurídica*, Palestra, Lima, 2017, 568 pp.

AMATUCCI, A. y D´AMATI, N., *Historia del Derecho de la Hacienda Pública y del Derecho tributario en Italia*, Temis, Colombia, 2021, 262 pp.

ALONSO BETANCOURT, A.; CORRAL JONIAUX, J. A. y PARENTE PÉREZ, E., «Método de Aula invertida para la formación de metacompetencias profesionales en estudiantes universitarios basada en el aprendizaje combinado (bLearning)», *Luz*, vol. 22, núm. 3, 2023, pp. 108-124. Disponible en http://scielo.sld.cu/pdf/luz/v22n3/1814-151X-luz-22-03-108.pdf [Consulta: 01/04/2024].

ANÍBARRO PÉREZ, S., «El uso de perfiles de riesgo al servicio del «Tax compliance»», *Quincena Fiscal*, núm. 8, 2023. Disponible en https://www.thomsonreuters.es/es/productos-servicios/aranzadi-insignis.html [Consulta: 01/04/2024].

ARDIN, G., «Improving effectiveness and efficiency of tax objection process: lesson learned from Japan», *Indonesian Treasury Review: Jurnal Perbendaharaan, Keuangan Negara Dan Kebijakan Publik*, vol. 8, issue 1, 2023, pp. 1-15. Retrieved from https://doi.org/https://doi.org/10.33105/itrev.v8i1.520 [Accessed on 01/04/2024].

ATIENZA, M., «Retórica y Derecho», *Revista Española de Retórica*, núm. 0, 2023, pp. 21-34. Disponible en https://doi.org/10.25115/reret.vi0.8399 [Consulta: 01/04/2024].

– *El Derecho como argumentación*, Ariel, Barcelona, 2012, 320 pp.

BARBER, R.; DANA, H. and MASSEL, N., «The concerns of linking IRS tax disclosures to financial statements on analysts» effective tax rate forecasts», *Advances in Accounting*, 100687, 2023. Retrieved from https://doi.org/10.1016/j.adiac.2023.100687 [Accessed on 01/04/2024].

BELDA, I., «Convenio entre la Agencia Estatal de la Administración Tributaria y el Ministerio de Ciencia e Innovación para el control del esquema de planificación fiscal conocido como arrendamiento de la I+D», *Quincena Fiscal*, núm. 11, 2023. Disponible en https://www.thomsonreuters.es/es/productos-servicios/aranzadi-insignis.html [Consulta: 01/04/2024].

BERNARDOS SANZ, J. U.; GONZÁLEZ ESTEBAN, A. L.; RAMOS VILLAVERDE, S. y RODRÍGUEZ SÁNCHEZ, A., «Innovación docente e identificación de ámbitos de mejora en la tutorización de los TFG», en AA.VV., *Elementos de innovación docente en ciencias sociales, jurídicas y otras disciplinas con contenido normativo*, Madrid, Dykinson, 2023, pp. 43-58.

BOLAÑO GARCÍA., M.; DUARTE ACOSTA, N. y GONZÁLEZ CASTRO, K., «Producción científica sobre el uso de las TIC como herramienta de inclusión social de personas sordas: un análisis bibliométrico», *Salud, Ciencia y Tecnología*, vol. 3, 2023. Disponible en: https://revista.saludcyt.ar/ojs/index.php/sct/article/view/318 [Consulta: 01/04/2024].

BORIA, P., *L´evasione fiscale: ricerca su natura giuridica e dimensione cuantitativa*, Università La Sapienza, Roma, 2022, 362 pp.

CALDERÓN PATIER, C., «El debate como metodología docente potenciadora de competencias y resultados de aprendizaje transversales: una experiencia aplicada a un grado universitario», *Revista de estudios empresariales, Segunda época*, núm. 1, 2024, pp. 19-37. Disponible en https://doi.org/10.17561/ree.n1.2024.8178 [Consultado: 01/04/2024].

CALVO MARTÍNEZ, T., *Aristóteles y el aristotelismo*, Akal, Madrid, 1996, 64 pp.

CÁRDENAS GARCÍA, P. J. y DURÁN ROMÁN, J. L., «Mejora del rendimiento académico en fiscalidad empresarial a través del aprendizaje basado en problemas», *e-pública: revista electrónica sobre la enseñanza de la economía pública*, núm. 30, 2022, pp. 40-54.

CÁRDENA ORTIZ, R. M., «La implementación de las nuevas tecnologías y una metodología variada para hacer más dinámico y atractivo el proceso de enseñanza-aprendizaje del Derecho Financiero y Tributario», en AA.VV., *Desafíos actuales de la innovación docente en ciencias jurídicas y sociales*, Dykinson, Madrid, 2022, pp. 19-27.

CARRIÓN MORILLO, D., «El valor esencial que el investigador puede aportar a las clases de Derecho financiero y tributario», en AA.VV., *Elementos de innovación docente en ciencias sociales, jurídicas y otras disciplinas con contenido normativo*, Madrid, Dykinson, 2023, pp. 99-116.

CELIS ROMERO, A. y SÁNCHEZ GUZMÁN, P., «Análisis de competencias docentes en un ambiente virtual de aprendizaje a través del modelo TPACK», en AA.VV., *La comunicación y el lenguaje entre las personas: herramientas didácticas para el desarrollo de las sociedades*, Madrid, Dykinson, 2023, pp. 406-427.

CHEPKORIR CHEPKONGA, L. and MANGE MEBIRITHI, D., «Effect of internal control system on the operational performance of organization: a case study of Kenia Revenue Authority (KRA) headquarter, Kenya», *International Academy Journal of Arts and Humanities*, vol. 1, issue 3, 2023, pp. 310-330. Retrieved from https://iajournals.org/articles/iajah_v1_i3_310_330.pdf [Accessed on 01/04/2024].

COLOMBELLI, A.; LOCCISANO, S.; PANELLI, A.; PENNISI, O. A. M. and SERRAINO, F., «Entrepreneurship Education: The Effects of Challenge-Based Learning on the Entrepreneurial Mindset of University Students», *Administrative Sciences*, vol. 12, issue 1, 2022. Retrieved from https://doi.org/10.3390/admsci12010010 [Accessed on 01/04/2024].

CRASNIC, L., «Resistance in tax and transparency standards: small states' heterogenous responses to new regulations», *Review of international Political Economy*, vol. 29, issue 1, 2022. Retrieved from https://doi.org/10.1080/09692290.2020.1800504 [Accessed on 01/04/2024].

DE AZCARATE, P., «Aristóteles: de la naturaleza de la virtud», en VV.AA., *Moral a Nicómaco*, S.L.U. Espasa Libros, Barcelona, 2002, 472 pp. Disponible en http://www.filosofia.org/cla/ari/azc01043.htm [Consulta: 01/04/2024].

DEWEY, J., *Democracy and Education*, MacMillan, New York, 1916, 346 pp.

DURÁN ROJO, L., «Interpretación tributaria del devengado en el Impuesto sobre la Renta», *Ciencia contable: visión y perspectiva*, núm. 39, 2017, pp. 353-365. Disponible en https://doi.org/10.18800/9786123173081.039 [Consulta: 01/04/2024].

FERNÁNDEZ AMOR, J. A. y SÁNCHEZ HUETE, M. A., «Una propuesta para la docencia del Derecho Financiero en el contexto del nuevo Espacio Europeo de Educación Superior», *Documentos-Instituto de Estudios Fiscales*, núm. 30, 2009, pp. 169-174.

FERNÁNDEZ BATANERO, J. M.; MONTENEGRO RUEDA, M.; FERNÁNDEZ CERERO, J. y ROMÁN GRAVÁN, P., «La inclusión de las TIC como apoyo al alumnado universitario con discapacidad a través de la revisión bibliográfica», en AA.VV., *Escenarios y recursos para la enseñanza con tecnología: desafíos y retos*, Barcelona, Octaedro, 2022, pp. 988-996.

FERNÁNDEZ CONTE, J., «Consideraciones del Consejo de la Abogacía Europea (CCBE) sobre la Inteligencia Artificial», *Derecho Digital e Innovación. Digital Law and Innovation Review*, núm. 5, 2020. Disponible en www.smarteca.es [Consulta 01/04/24].

FERNÁNDEZ DE MOYA ROMERO, J. E., «La enseñanza del Derecho Financiero y Tributario en el Grado de Gestión y Administración Pública», en AA.VV., *Desafíos actuales de la innovación docente en las ciencias jurídicas y sociales*, Madrid, Dykinson, 2022, pp. 79-90.

GARCÍA GUERRERO, D., «Métodos de enseñanza-aprendizaje del Derecho Aduanero en las asignaturas de Derecho Financiero y Tributario», en AA.VV., *Elementos de innovación docente en ciencias sociales, jurídicas y otras disciplinas con contenido normativo*, Madrid, Dykinson, 2023, pp. 205-222.

GARRIDO-ABIA, R.; GARCÍA-LÁZARO, D. and MARCOS-CALVO, M. A., «Virtual education in university teaching. Application of the TPACK model in quantitative subjects», *Intangible Capital*, vol. 19, issue 1, 2023. Retrieved from http://dx.doi.org/10.3926/ic.2109 [Accessed on 01/04/2024].

GONZÁLEZ GARCÍA, I. y MATEOS CABALLERO, A. (dir.), «A Comparison Between Bayesian Dialysis and Machine Learning to Detect Tax Fraud and Its Causes: The Case of Vat, Corporate Tax and Customs Duties in Spain», *SN Computer Science*, vol. 4, núm. 80, 2023. Disponible en https://doi.org/10.1007/s42979-022-01483-5 [Consulta: 01/04/2024].

GREINER-PETTER, A., *Making presentation Math Computable: a context-sensitive approach for translating LaTeX to Computer Algebra Systems*, Springer Vieweg Wiesbaden, Suiza, 2023, 197 pp. Retrieved from https://doi.org/10.1007/978-3-658-40473-4 [Accessed on 01/04/2024].

GRIFFITHS, S. and HARTSHORN, J., «Fragile and Strong: The Oxymoron of Tax Administration and Constitutionality in New Zeland», *Review of International and European Economic Law*, vol. 2, issue 3, 2023. Retrieved from https://www.rieel.com/index.php/rieel/article/view/48 [Accessed on 01/04/2024].

HERNÁNDEZ GUERRERO, J. A. y GARCÍA TEJERA, M. C., *Historia breve de la retórica*, Síntesis, Madrid, 1994, 224 pp.

HU, B., «Original prusa i3: the self-replicating 3d printer», *Sage Business Cases*, California, SAGE Publications, Ltd., 2023. Retrieved from https://doi.org/10.4135/9781529610796 [Accessed on 01/04/2024].

JAVIER MARCOS, F., «Los principios jurídicos, la dialéctica y la retórica», *Prudentia iuris*, núm. 81, 2016, pp. 81-104.

KARITHI NIJILU, M., «Tax Compliance among Small and Medium Manufacturing Enterprises in Kenya: Does Tax Morale Matter?», *Rowter Journal*, vol. 2, issue 1, 2023. Retrieved from https://doi.org/10.33258/rowter.v2i1.836 [Accessed on 01/04/2024].

KAYAL, P.; ANAND, M. and DESAI, H., *et al.* «Tables to LaTeX: structure and content extraction from scientific tables», *IJDAR*, issue 26, 2023, pp. 121-130. Retrieved from https://doi.org/10.1007/s10032-022-00420-9 [Accessed on 01/04/2024].

LACAMBRA ORGILLÉS, R., «La digitalización de la Administración tributaria», en AA.VV., *Aproximación a la eAdministración*, Zaragoza, Universidad de Zaragoza, 2022, pp. 136-159.

LEÓN XIII, «Carta Encíclica Rerum Novarum» [en línea]. Roma: 15 de mayo de 1891. Disponible en http://www.vatican.va/content/leo-xiii/es/encyclicals/documents/hf_l-xiii_enc_15051891_rerum-novarum.html [Consulta: 01/04/2024].

LÓPEZ, J., «El Derecho como práctica y las dimensiones de la argumentación jurídica», *Doxa, Cuadernos de Filosofía del Derecho*, núm. 46, 2023, pp. 435-468. Disponible en https://doi.org/10.14198/DOXA2023.46.25 [Consulta: 01/04/2024].

LÓPEZ ESPADAFOR, C. M., «Estudio preliminar. Bases para mejorar la docencia universitaria», AA.VV., *Desafíos actuales de la innovación docente en ciencias jurídicas y sociales*, Madrid, Dykinson, 2022, pp. 5-8.

LUJÁN ESPINOZA, C. A., *Ética en la interpretación de normas tributarias. El deber del abogado frente al sistema*, PUCP, Perú, 2023, 202 pp.

MASBERNAT, P., «Educación fiscal y desarrollo de una ética y cumplimiento tributario», *Revista de Educación y Derecho*, núm. 26, 2022. Disponible en https://dialnet.unirioja.es/servlet/articulo?codigo=8719991 [Consulta: 01/04/2024].

MASBERNAT, P. y RAMOS FUERTES, G., «Derechos humanos y sistema tributario», *Revista de Educación y Derecho*, núm. 27, 2023. Disponible en https://doi.org/10.1344/REYD2023.27.42498 [Consulta: 01/04/2024].

MATHIAS ITOE, M. and ENOBI AKEPE, L., «Improving tax collection efficiency through the use of technology: a case study of African Governments», *SSRN*, 2023. Retrieved from http://dx.doi.org/10.2139/ssrn.4458198 [Accessed on 01/04/2024].

MAX, A. L.; LUKAS, S. and WEITZEL, H., «The pedagogical makerspace: Learning opportunity and challenge for prospective teachers» growth of TPACK», *British Journal of Educational Technology*, vol. 55, issue 1, 2024, pp. 208-230. Retrieved from https://doi.org/10.1111/bjet.13324 [Accessed on 01/04/2024].

MAYTA HUIZA, D. A.; GUEVARA GÓMEZ, H. E.; PINEDA YUCRA, W. y TORRES MARRÓN, F. J., «Confianza en el Estado y cumplimiento tributario en egresados universitarios», *Revista Venezolana de Gerencia*, vol. 28, núm. 103, pp. 1327-1345, 2023. Disponible en https://dialnet.unirioja.es/servlet/articulo?codigo=9000848 [Consulta: 01/04/2024].

MCGEE, R. W., «A Chat with ChatGPT about Tax Evasion and Government Funding of Education», *Social Science Research Network*, 2023. Retrieved from https://ssrn.com/abstract=4465719 [Accessed on 01/04/2024].

MCMICHAEL, R.; PROSSER, E. and DELANEY, M., «Carmel Clay Schools: Bringing Lifestyle Medicine to the Classroom & the Community», *American Journal of Health Promotion*, issue 7, vol. 37, 2023. Retrieved from https://doi.org/10.1177/08901171231184527d [Accessed on 01/04/2024].

MICALETTO BELDA, J. P. y MARTÍN HERRERA, I., «Aprendizaje colaborativo en la Universidad: un análisis de una experiencia con una comunidad virtual en LinkedIn», *EDMETIC*, vol. 12, núm. 1, 2023, pp. 1-20.

MINISTERIO DE HACIENDA Y DE FUNCIÓN PÚBLICA, *Acuerdos de intercambio de formación*, 2023. Disponible en https://www.hacienda.gob.es/ca-ES/Normativa%20y%20doctrina/Normativa/AcuerdosII/Paginas/acuerdosii.aspx [Consulta: 01/04/2024].

MIRAS MARÍN, N., «La base de datos de resoluciones de consultas tributarias como herramienta de innovación docente», *REJIE: Revista jurídica de Investigación e Innovación educativa*, núm. 21, 2020, pp. 45-54.

MISHRA, P.; WARR, M. and ISLAM, R., «TPACK in the age of ChatGPT and Generative AI», *Journal of Digital Learning in Teacher Education*, issue 4, vol. 39, 2023, pp. 235-251. Retrieved from https://doi.org/10.1080/21532974.2023.2247480 [Accessed on 01/04/2024].

MONTESINOS OLTRA, S., «La pragmática incoherencia de la calificación de las criptomonedas a efectos tributarios», *Crónica tributaria*, núm. 183, 2022, pp. 101-135. Disponible en https://www.ief.es/vdocs/publicaciones/1/183/4.pdf [Consulta: 01/04/2024].

MOROCHO GARCÍA, A. V.; ERAZO ÁLVAREZ, J. C.; NARVÁEZ ZURITA, C. I. y CARVACHE FRANCO, S.M., «La educación financiera en estudiantes universitarios y su relación con el uso del crédito educativo», *Revista Conrado*, vol. 19, núm. 91, pp.179-186, 2023. Disponible en http://scielo.sld.cu/pdf/rc/v19n91/1990-8644-rc-19-91-179.pdf [Consulta: 01/04/2024].

MULILI, B. M., «Digital Financial Inclusion: M-Pesa in Kenya», in *Digital Business in Africa*, Palgrave Mcmillan, Cham, 2022, pp. 171-191. Retrieved from https://doi.org/10.1007/978-3-030-93499-6_8 [Accessed on 01/04/2024].

MUÑOZ CARRIL, P. C. y MUÑOZ CARRIL, P., «Innovación educativa para una educación transformadora», en AA.VV., *E-actividades para un aprendizaje activo e innovador*, Madrid, Dykinson, 2022, pp. 309-330.

NAVARRO SCHIAPPACASSE, M. P. y TOLEDO ZÚÑIGA, P., «Función de la norma general antielusión en la interpretación tributaria», *Díkaion*, vol. 32, núm. 1, 2023. Disponible en https://doi.org/10.5294/dika.2023.32.1.11 [Consulta: 01/04/2024].

OCDE, *Educación cívico-tributaria para fomentar la cultura tributaria, el cumplimiento fiscal y la ciudadanía*, OECD Publishing, París, 2023. Disponible en https://search.oecd.org/tax/tax-global/educacion-civico-tributaria-para-fomentar-la-cultura-tributaria-el-cumplimiento-fiscal-y-la-ciudadania-aspectos-destacados.pdf [Consulta: 01/04/2024].

– *Taxpayer education to build tax culture, compliance and citizenship*, OECD Publishing, París, 2023. Retrieved from https://www.oecd.org/tax/tax-global/taxpayer-education-to-build-tax-culture-compliance-and-citizenship-highlights.pdf [Accessed on 01/04/2024].

– *Apoyo a la digitalización de las administraciones tributarias de los países en desarrollo*, OECD Publishing, París, 2023. Disponible en https://www.oecd.org/tax/forum-on-tax-administration/publications-and-products/apoyo-a-la-digitalizacion-de-las-administraciones-tributarias-de-los-paises-en-desarrollo.pdf [Consulta: 01/04/2024].

PAIDICAN, M. y ARREDONDO, P., «Evaluación de la validez y fiabilidad del cuestionario de conocimiento tecnológico pedagógico del contenido (TPACK) para docentes de primaria», *Revista Innova Educación*, vol. 5, núm. 1, 2023. Disponible en https://doi.org/10.35622/j.rie.2023.05.003 [Consulta: 01/04/2024].

PEÑA CASTAÑO, J. M., «Characteristics of argumentation in general which impact legal argumentation», *Inciso*, vol. 18, issue 1, 2016, pp. 121-230. Retrieved from http://dx.doi.org/10.18634/incj.18v.1i.589 [Accessed on 01/04/2024].

PERDOMO ANDRADE, I., «Revisión sobre el uso de las TIC'S en la Ciencia. Revista Latinoamericana De Educación Científica, Crítica Y Emancipadora», vol. 1, núm. 2, 2022, pp. 1-18. Disponible en https://revista-ladecin.com/index.php/LadECiN/article/view/93[Consulta:01/04/2024].

PERELMAN, C., *La lógica jurídica y la nueva retórica*, Olejnik, Argentina, 2019, 196 pp.

PÍO XII, «Alocución a los Congresistas de la Asociación Internacional de Derecho Financiero y Fiscal» [en línea]. Roma: *10th Congress of the International Fiscal Association*. October 1956. Disponible en https://www.vatican.va/content/pius-xii/fr/speeches/1956/documents/hf_p-xii_spe_19561002_associazione-fiscale.html [Consulta: 01/04/2024].

PITA GRANDAL, A. M. (dir.); MALVÁREZ PASCUAL, L. A. (dir.) ... [et al.], *La digitalización en los procedimientos tributarios y el intercambio automático de información*, Aranzadi-Thomson Reuters, Navarra, 2023, 824 pp.

PRIETO SANCHÍS, L., *Ideología e interpretación jurídica*, Tecnos, Madrid, 1987, 146 pp.

RACIONERO CARMONA, Q., *Aristóteles: Retórica*, Gredos, Nueva Biblioteca Clásica núm. 39, Barcelona, 2022, 632 pp.

SADIQ, M., «Examination of confidence levels of taxpayers transitioning to making tax digital by industry sector in the UK», *Journal of Accounting in Taxation*, vol. 14, issue 3, pp. 282-290, 2022. Retrieved from https://academicjournals.org/journal/JAT/article-full-text-pdf/DB9CD5669700 [Accessed on 01/04/2024].

SALAZAR NAVARRO, M. C., «Innovación docente en el ámbito del Derecho Financiero y Tributario: digitalización de la Administración tributaria», en AA.VV., *Innovación docente en investigación en Ciencias Sociales, Económicas y Jurídicas: Experiencias de cambio en la metodología docente*, Madrid, Dykinson, 2022, pp. 203-210.

SÁNCHEZ LÓPEZ, M. E., «Colaboración e intercambio de información entre Administraciones tributarias en el ordenamiento interno», *Quincena Fiscal*, núm. 3, 2023. Disponible en https://www.thomsonreuters.es/es/productos-servicios/aranzadi-insignis.html [Consulta: 01/04/2024].

SÁNCHEZ SÁNCHEZ, E. M., «La importancia de la dialéctica y la retórica como elementos indispensables en el aprendizaje discurso jurídico-fiscal en la universidad», en AA.VV., *Reflexiones actuales en torno a la dialéctica, la retórica y otros métodos en la formación del jurista*, Navarra, Aranzadi, 2022, pp. 341-346.

– «Cómo la fiscalidad internacional puede ser cambiada por las implicaciones y oportunidades de la inteligencia artificial y la robótica», en AA.VV., *La disrupción tecnológica en la Administración Pública: retos y desafíos de la inteligencia artificial*, Thomson Reuters-Aranzadi, Navarra, 2022, pp. 157-171.

– «Innovación docente mediante la incorporación de las TIC en la formación práctica del Derecho Financiero y Tributario», en AA.VV., *Estrategias de innovación docente en disciplinas jurídicas*, Navarra, Aranzadi, 2021, pp. 146-150.

– «Los potenciales beneficios de las TIC para mejorar la calidad de la educación, la innovación y la investigación del Derecho Financiero y Tributario», en AA.VV., *Innovación en la investigación de las Ciencias Jurídicas, Económicas y Empresariales*, Madrid, Dykinson, vol. 1, 2021, pp. 381-396.

– *El principio de no confiscatoriedad en materia tributaria*, Aranzadi-Thomson Reuters, Navarra, 2021, 160 pp.

– *El principio de igualdad en materia tributaria*, Aranzadi-Thomson Reuters, Navarra, 2016, 480 pp.

SANTANDREU CALONGE, D.; KAMALOV, F. and GURRIB, I., «New Era of Artificial Intelligence in Education: Towards a Sustainable Multifaceted Revolution», *Sustainability*, vol. 15, issue 16, 12451, 2023. Retrieved from https://doi.org/10.3390/su151612451 [Accessed on 01/04/2024].

SARTOR, G. and ROTOLO, A., «Argumentation and explanation in the law», *Frontiers in Artificial Intelligence*, vol. 6, 2023. Retrieved from https://doi.org/10.3389/frai.2023.1130559 [Accessed on 01/04/2024].

SAVIGNY, F. K., *Metodología jurídica*, Valleta Ediciones, Buenos Aires, 2004, 93 pp.

SIMAS, E. N.; MILITA, K. and RYAN, J. B., «Ambiguous Rhetoric and Legislative Accountability», *The Journal of Politics*, vol. 83, issue 4, 2021. Retrieved from https://doi.org/10.1086/711405 [Accessed on 01/04/2024].

TAEYEON, K., «The Human Side of Accountability: Dilemmas of Reaching All Learners», *Harvard Educational Review*, vol. 93, issue 3, 2023. Retrieved from https://doi.org/10.17763/1943-5045-93.3.313 [Accessed on 01/04/2024].

THYSEN, C.; HUWER, J.; IRION, T. and SCHAAL, S., «From TPACK to DPACK: The «Digitality-Related Pedagogical and Content Knowledge»-Model in STEM-Education», *Education Sciences*, vol. 13, issue 8, 769, 2023. Retrieved from https://doi.org/10.3390/educsci13080769 [Accessed on 01/04/2024].

ULLOA SUÁREZ, C., «Determinants of compliance with fiscal rules: Misplaced efforts or hidden motivations?», *European Journal of Political Economy*, vol. 78, 102399, 2023. Retrieved from https://doi.org/10.1016/j.ejpoleco.2023.102399 [Accessed on 01/04/2024].

USMAN, M. and AB RAHMAN, A., «Funding higher education through waqf: a lesson from Malaysia», *International Journal of Ethics and Systems*, vol. 39, issue 1, 2023, pp. 107-125. Retrieved from https://doi.org/10.1108/IJOES-12-2021-0217 [Accessed on 01/04/2024].

VAN DEN BEEMT, A.; VAN DE WATERING, G. and BOTS, M., «Conceptualising variety in challenge-based learning in higher education: the CBL-compass», *European Journal of Engineering Education*, vol. 48, issue 1, 2023. Retrieved from https://doi.org/10.1080/03043797.2022.2078181 [Accessed on 01/04/2024].

VIEHWEG, T., *Topik und Jurisprudenz: ein Beitrag zur rechtswissenschaftlichen Grundlagenforschung*, fünfte Ausgabe, Beck, Múnich, 1974, 130 pp.

WARNE, R. T., «Censorship in an Educational Society: A Case Study of the National Association for Gifted Children», in *Ideological and Political Bias in Psychology*, Cham, Springer, 2023, pp. 461-489. Retrieved from https://doi.org/10.1007/978-3-031-29148-7_17 [Accessed on 01/04/2024].

XIN, L., «Blended teaching reform and practice of tax law based on TPACK Framework», in *Big Data Analytics for Cyber-Physical System in Smart City, BDCPS 2020, Advanced in Intelligent Systems and Computing*, vol. 1303, Singapore, Springer, 2021. Retrieved from https://doi.org/10.1007/978-981-33-4572-0_106 [Accessed on 01/04/2024].